自贸港背景下海南职业教育产教融合研究与实践

Zimaogang Beijing Xia Hainan Zhiye Jiaoyu Chanjiao Ronghe Yanjiu Yu Shijian

陈焕南　潘　珠　陈淑敏／著

中国经济出版社
CHINA ECONOMIC PUBLISHING HOUSE
北 京

图书在版编目（CIP）数据

自贸港背景下海南职业教育产教融合研究与实践 / 陈焕南，潘珠，陈淑敏著. —北京：中国经济出版社，2024. 8.
ISBN 978-7-5136-7784-4

Ⅰ. G718. 5

中国国家版本馆 CIP 数据核字第 2024J433T3 号

责任编辑　孙晓霞　井　铭
责任印制　马小宾
封面设计　华子图文

出版发行　中国经济出版社
印 刷 者　北京科信印刷有限公司
经 销 者　各地新华书店
开　　本　710mm×1000mm　1/16
印　　张　14. 25
字　　数　216 千字
版　　次　2024 年 8 月第 1 版
印　　次　2024 年 8 月第 1 次
定　　价　68. 00 元
广告经营许可证　京西工商广字第 8179 号

中国经济出版社 **网址** http://epc. sinopec. com/epc/ **社址** 北京市东城区安定门外大街 58 号 **邮编** 100011
本版图书如存在印装质量问题，请与本社销售中心联系调换（联系电话：010-57512564）

前言

高等职业教育肩负着为国家培养高素质应用型技术人才的使命，产教融合是促进高职教育发展的必然方向。海南全岛被国家设立为自由贸易港后，将面临贸易结构大调整，企业迫切需要大批新商贸技术技能人才。海南高职院校也随之面临着全面调整培养结构以适应产业升级的需要，亟需探索深度产教融合的国际化人才培养途径，为海南自由贸易港建设提供优质人才。

本书以海南自贸港建设国际化新商贸人才需求为出发点，以海南经贸职业技术学院国际经济与贸易专业群为教学改革与实践创新的研究对象，通过“国际商贸产教园”建设和“产学研训”一体化教学实践，探索产教融合、校企一体化人才培养模式的长效机制与教学规律，探索一条高素质的技术技能人才培养与社会需求深度融合的路径，以实现“共育、共享、共建、共赢”的产教深度融合人才培养模式。

首先，介绍现代高等职业教育内涵特征、模式和体系、产教融合相关理论、高职教育产教融合的现状与问题；其次，重点阐述面向海南自贸港建设的产教融合人才培养模式和实施方案、产教融合实践基地建设与运行模式；最后，给出产教融合人才培养的有效性评价指标体系和模型，以及分析本校产教融合与校企一体化人才培养案例。本书力求体现新时代、新形势、新需求；结构思路清晰，有层次，从理论研究和实践探索两个层面，探索产业与教育深度融合的基本理论、人才培养模式和实践路径；给出产教融合人才培养的相关案例并进行有效性分析。

在本书撰写的过程中，借鉴了相关专家的研究文献与资料，并得到了林华瑾教授的悉心指导以及陈广副教授的合理建议，周会鸿和符锦书也作了大量资料搜索、收集与整理工作，在此一并表示感谢。

由于时间仓促，水平有限，书中难免存在疏漏与不足之处，恳请专家、学者和广大读者批评指正，以使本书更加完善。

目录

第 1 章　现代高职教育概述 / 1

1.1　现代高职教育的内涵特征 / 1

1.2　现代高职教育模式 / 11

1.3　现代高职教育体系 / 17

1.4　现代高职教育发展趋势 / 22

本章小结 / 27

第 2 章　产教融合相关理论 / 31

2.1　教育和产业的关系 / 31

2.2　产教融合的理论基础 / 37

2.3　产教融合的功能与作用 / 40

2.4　产教融合的内容和基本模式 / 45

本章小结 / 68

第 3 章　高职教育产教融合的现状与问题 / 71

3.1　高职教育产教融合的发展历程 / 71

3.2　高职教育产教融合的研究现状 / 78

3.3　高职教育产教融合的基本模式及问题分析 / 84

3.4　中外产教融合发展的经验借鉴 / 105

本章小结 / 108

第 4 章　面向海南自贸港建设的产教融合人才培养模式 / 111
4.1　海南自贸港建设的新商贸人才需求分析 / 111
4.2　国际经济与贸易专业群的课程体系设计 / 113
4.3　课岗无缝对接的实施方案 / 129
4.4　海南自贸港建设中产教融合理论创新 / 133
4.5　海南自贸港建设中产教融合人才培养模式创新 / 136
本章小结 / 139

第 5 章　产教融合实践基地建设 / 141
5.1　我国高职院校实践基地建设现状 / 141
5.2　产教融合实践基地的功能及特征 / 148
5.3　产教融合实践基地的构建及运行模式 / 152
本章小结 / 155

第 6 章　产教融合人才培养的有效性分析 / 158
6.1　有效性评价标准 / 158
6.2　有效性评价指标体系构建 / 162
6.3　有效性评价影响因素分析 / 169
本章小结 / 172

第 7 章　自贸港背景下产教融合与校企一体化人才培养案例 / 176
7.1　案例一　面向海南自贸港建设的国际经济与贸易专业群构建 / 176
7.2　案例二　京东数字商务产业学院的建设及校企一体化人才培养模式与实践 / 183
7.3　案例三　阿里巴巴 e-WTP 产业学院的建设及校企一体化人才培养模式与实践 / 196

7.4　案例四　数字化国际商贸文化育人中心人才培养模式与实践 / 200
7.5　案例五　大师工作室创建及创新创业人才培养模式改革实践 / 209
本章小结 / 214

参考文献 / 217

第1章

现代高职教育概述

1.1 现代高职教育的内涵特征

1.1.1 现代高职教育的历史演变

在我国，高职教育是教育事业的重要组成部分，也是我国教育体系不可或缺的部分。随着我国社会经济的不断变革与发展，高职教育迈入新时代，现代高职教育越来越重视与行业的融合、与市场的接轨。高职教育是一种具有中国特色的教育模式，与市场经济的关系越来越紧密，它不断为市场、行业企业输送大量的高素质技术技能人才，在培养学生符合市场需求的职业技能、职业素质，提升学生的就业认知能力、就业竞争力等方面发挥着至关重要的作用。因此，探究现代高职教育内涵有助于明确现代高职教育的发展方向，为有效培养符合现代市场需求人才的高职教育打下理论基础。

从历史视角来看，我国高职教育从无到有、从弱到强，在不断地进步，为我国的社会经济发展提供了坚实的人才保障和智力支持，为我国高职教育发展奠定了基础、积累了经验。

1.1.1.1 高职教育出现萌芽（1978—1984年）

1978年3月20日，国务院批转教育部《关于办好“七二一”大学的几点意见》明确规定，“七二一”大学的任务是为本单位、本系统培养相当于大专水平的技术人才。同年，我国恢复和新建的专科学校越来越多，达到了98所，招生人数更是迅速增加。到1979年，我国在校专科生达到34.84万人，占本、专科生总数的34.2%。

由此可以看出，在改革开放初期，我国高职教育的发展与之前相比有了非常大的进步，一大批高职院校恢复教学或重建，为改革开放输送了大量技术人才。1980年，随着改革开放的进一步发展，我国部分经济发展较快的地区对技术技能人才的需求越发强烈。因此，我国陆续建立了多所高等职业院校，如金陵职业大学、无锡职业技术学院等。为贯彻第五届全国人民代表大会第五次会议精神，原国家教委于1983年又批准成立了33所职业大学，且职业大学的招生规模进一步扩大，为我国现代高职教育的发展奠定了坚实基础。

1.1.1.2 高职教育逐步发展（1985—1999年）

一是我国高职教育体系的建立。1985年，《中共中央关于教育体制改革的决定》首次提出，“积极发展高等职业技术院校，逐步建立起一个从初级到高级、行业配套、结构合理，又能与普通教育相互沟通的职业技术教育体系”，“造就数以亿计的工业、农业、商业等各行各业有文化、懂技术、业务熟练的劳动者”，强调大力发展职业技术教育。1986年，全国职业技术教育工作会议首次提出“高等职业教育”一词。1991年，《国务院关于大力发展职业技术教育的决定》提出，“初步建立起有中国特色的，从初级到高级、行业配套、结构合理、形式多样，又能与其他教育相互沟通、协调发展的职业技术教育体系的基本框架”，强调要高度重视职业技术教育在我国教育体系中的战略地位和作用，大力发展职业技术教育。1994年，国务院关于《中国教育改革和发展纲要》的实施意见不仅确定了到2000年我国教育发展的目标和任务，更是强调了加强教育法治建设，依法治教，加快教育立法步伐，抓紧制定《中华人民共和国教育法》《中华人民共和国职业教育法》《中华人民共和国高等教育法》等一批教育法律和行政法规，进一步明确了高职教育的主体地位。由此可以看出，当时我国高职教育体系正在逐步完善和发展。

二是我国高职教育的法治化发展。1996 年 5 月，《中华人民共和国职业教育法》指出，“职业学校教育分为初等、中等、高等职业学校教育。……高等职业学校教育根据需要和条件由高等职业学校实施，或者由普通高等学校实施”。《中华人民共和国职业教育法》的颁布在我国高职教育发展进程中发挥着不可忽视的作用，意义非常重大。它不仅明确了高职教育的法律地位，要求各职业学校必须按照法律标准进行规范化教育，而且标志着我国职业教育发展开始步入法治化轨道。

三是我国高职教育人才培养结构的调整。1994 年，全国第二次教育工作会议提出了高职教育发展的“三改一补”政策。“三改一补”是指对现有高等专科学校、职业大学和独立设置的成人高校进行改革、改组和改制，并选择部分符合条件的中专改办作为补充。该项政策的提出初步搭建了我国高职教育的人才培养结构，同时为我国高职教育的发展奠定了基础。1998 年，教育部在“三改一补”政策的基础上又提出了“三多一改”政策。“三多一改”是指办学形式多样化、人才培养模式多样化、高职教育办学主体多样化，通过改革提高人才培养质量。“三多一改”政策是我国高职教育在人才培养结构调整上的一大制度创新，对我国职业教育影响深远，意义重大。

四是我国高职教育的规模逐渐扩大。1999 年 1 月，教育部、国家计委印发的《试行按新的管理模式和运行机制举办高等职业技术教育的实施意见》明确指出，要调整高职教育结构，扩大高职教育招生规模。除此之外，该实施意见还明确规定了高职教育的层次、招生、收费、办学主体、办学条件等，为我国高职教育规模扩大提供了政策依据。同年 6 月，中共中央、国务院印发的《关于深化教育改革全面推进素质教育的决定》指出，高职教育是高等教育的重要组成部分，并强调要大力发展高职教育，逐渐扩大我国高职教育规模。1999 年，我国高职教育开始进行大规模的扩招。

1.1.1.3　高职教育探索与改革（2000 年至今）

我国高职教育招生规模的扩大加快推进了高职教育的发展进程。1999 年 11 月 8 日，教育部召开第一次全国高职高专教学工作会议，会后印发《教育部关于加强高职高专教育人才培养工作的意见》，首次提出了高职高专教育的人才培养工作目标，即培养“生产、建设、管理、服务第一线”需要的“高等技术应用型专门人才”，这显示了我国高等教育由注重招生规模转变为注重人才质量。进入 21 世纪以后，国务院多次召开全国职业教育工作会议，教育部等相关部门多次颁布意见和方案，在明确指出我国高职教育地位的同时，为高职教育的发展指明了方向。

2002 年 7 月 28 日，我国召开第四次全国职业教育工作会议，这是首次以国务院名义召开的全国职业教育工作会议。会后印发《国务院关于大力推进职业教育改革与发展的决定》，着重强调要大力发展职业教育的方针，提出建立“结构合理、灵活开放、特色鲜明、自主发展的现代职业教育体系”，“形成政府主导、依靠企业、充分发挥行业作用、社会力量积极参与的多元办学格局”。这为 21 世纪高职教育的发展开辟了新的道路，推动形成了政府、企业、学校三方通力合作、发挥作用的办学格局。

2005 年，国务院印发《关于大力发展职业教育的决定》，明确指出把发展职业教育作为经济社会发展的重要基础和教育工作的战略重点，强调职业教育“以服务为宗旨、以就业为导向”的办学方针。在政策的指导下，我国加大了对高职教育的支持力度，以建立更加完善、具有中国特色的现代职业教育体系。

2010 年，党中央、国务院召开 21 世纪以来首次全国教育工作会议。胡锦涛同志在会上强调要坚持优先发展教育，推动教育事业科学发展，建设人力资源强国，为全面建成小康社会、加快推进社会主义现代化建设提供更加有力的人才保障和人力资源支撑。同时，《国家中长期教育改革和发展规划纲要（2010—2020 年）》指出要大力发展职业教育。该纲要强调发展职业教育是推动经济发展、促进就业、改善民生、解决“三农”问题的重要途径，是缓解劳动力供求结构矛盾的关键环节，必须被摆在更加突出的位置；到 2020 年，构建适应经济发展方式转变、产业结构调整要求、体现终身教育理念、坚持学校教育与各类职业培训并举、明确中等职业教育和高职教育定位的现代职业教育体系，以满足经济社会发展对高素质技能型人才的需要，促进学生全面发展。我国职业教育办学机制改革、制度探索和标准教育体系建设在这一阶段迅速发展。

党的十八大以来，我国高度重视职业教育的发展，强调加快发展现代职业教育，明确职业教育在教育体系中的重要地位，致力于培养高素质技术技能型人才，形成具有中国特色、世界水平的现代职业教育体系。2019 年，国务院印发《国家职业教育改革实施方案》，从体系建设、产教融合、多元办学等方面为创新职业教育体系构建顶层设计，该方案不仅为现代职业教育打下了坚实的政策理论基础，也指明了职业教育改革前进的方向。

1.1.2　现代高职教育的概念

高职教育是指以承担职业型高等教育为任务，以培养技术型高素质专业人才为目标的高等教育类别。

现代高职教育表明了高职教育的时代性与进步性。其体现在高职教育模式的变革、高职教育体系的改革，以及高职教育的新主张、新举措、新机制等方面。目前，我国高职教育的战略地位越来越突出，对高职教育的实践要求越来越明确、规律认识越来越深入。现代高职教育不断破除“矮化”“窄化”的传统认知，直击改革实践中的难点、痛点问题，对职业教育体系建设改革进一步深化，着力破解职业教育改革发展中的突出矛盾和问题。

目前，我国高职教育体系在层级上已经从原来的中专、大专两个层次向上延伸至本科、研究生两个层次。同时，现代高职教育在不断探索建立以职业需求为导向、以实践能力培养为重点、以产学结合为途径的专业学位研究生培养模式，以及符合职业教育特点的学位制度。尽管职业教育在我国的历史较短，许多说法在业界尚未统一，但我们从未停止深化理论研究、丰富实践探索的步伐。

高职教育是培养高素质技术技能人才、促进就业创业、推动技术创新、提高中国制造和服务水平的重要基础。我国坚持把发展经济的着力点放在实体经济上，加快推进制造强国、质量强国建设，促进先进制造业和现代服务业深度融合。目前，我国一线新增从业人员70%以上来自职业院校。这就意味着加快发展现代高职教育是培养高素质技术技能人才最高效、最基本的途径，是推动经济高质量发展的重要支撑，也是建设教育强国的必然要求。

总之，尽管职业教育与普通教育是两种不同的教育类型，但具有同等重要的地位。一直以来，很多地方都存在把职业院校当作普通教育“低配版”的情况，并且存在重普通教育、轻职业教育的错误认知，一些职业院校按照办普通教育的方式办职业教育。事实上，职业教育在培养目标、课程体系、教育方式等方面与普通教育有着重要区别。因此，现代高职教育必须遵循高素质技术技能人才的培养规律，准确把握现代职业教育的思路和定位。

1.1.3 现代高职教育的特征

1.1.3.1 教学主体多元化

目前，现代高职教育更加注重社会力量参与。我国高职院校教学主体多元化，突破了长期以来传统高职教育形成的政府主管、学校办学的管理体制和教学模式，更加注重构建以政府为主导，以高职院校为核心，行业企业、科研机构等多元参与的高职教育新教学体制。建立共享成果、共享利益的机制，激发行业企业参与职业教育的内生动力，优化职业院校教育教学的资源配置，更加重视人才培养和创业就业，形成优势互补、通力合作、互惠互利的紧密合作共同体。

教学主体的多元化，既是提高高职院校办学活力和效率的关键因素，也是现代高职教育的重要特征。它不仅促进了高职教育教学主体、教学形式、人才培养目标、师资队伍、教学方法的评价方式等多元化发展，而且深化了产教融合，实现了教育链、人才链、产业链、创新链的有机衔接，突出了高职院校人才培养的价值，更新了职业教育发展生态。

1.1.3.2 人才培养目标职业化

首先，与普通教育相比，职业教育更加侧重学生实践技能和实际工作能力的培养。高职教育的办学类型为职业教育，职业性是高职教育与普通高等教育在人才培养目标上的最大区别。

其次，高职院校根据市场需求、职业岗位需要，培养具有专业的理论知识，较强的实践能力、技术应用能力、解决实际问题能力，较高技能水平的学生，从而使其适应职业岗位变迁，实现跨岗位就业，扩展职业发展空间，提高自身价值。

最后，高职教育的职业性体现了高职教育与职业活动之间的密切关系。一方面，高职教育依赖于职业活动。高职教育的宗旨是要培养学生的综合职业能力。综合职业能力的培养离不开实际的生产实践活动，高职教育必须以职业活动形式进行教学，把教育过程中的知识与市场需求、职业岗位要求、内容、情境等结合起来。另一方面，职业活动本身就是实施职业教育的基本途径和方式。职业活动蕴含知识、技术、技能、道德等丰富的教育性元素，在职业活动中，教学主体运用这些元素进行生产实践和探索就是一种适应职业环境的学习过程。而且学生在这种真实情景中的知识学习是掌握职业知识和技能最直接的方式，也是提高记忆力最有效的方式。

1.1.3.3 专业课程设置产业化

高职院校专业课程的设置是人才培养目标实现的载体。高职教育是与经济社会发展紧密结合的教育，是连接高职院校与产业发展的桥梁和纽带。因此，在高职院校专业课程设置上，应当适应经济社会发展的需要，摒弃依据传统本科、专科专业课程设置的惯性思维，突出产业性、行业性和区域性，应从产业发展的实际需要出发，找准专业课程设置目标，主动对接行业企业人才需求，促进教育链与产业链有机融合。高职院校与行业企业资源有效整合，形成高职院校与经济、行业企业联动发展的良好格局，满足经济发展和产业转型升级对高技术技能人才的需求。

专业课程设置与产业发展是一种互为支撑、相得益彰的关系，专业课程因产业需求而设置，产业因专业人才而发展。分析专业课程设置的最终目的可知，专业课程设置围绕产业发展是大方向，既体现出专业课程设置的价值所在，也体现出专业课程设置的鲜明特色。

1.1.3.4　教师队伍“双师”化

首先，国家出台了大量举措打造“双师型”教师队伍。“双师型”教师队伍建设的关键是“校企共建”，所以“教师培养培训基地”的建设和校企深度合作共育，对于建设一支政治素质硬、业务水平高、实践能力强的“双师型”教师队伍来说尤为重要。“双师型”教师是同时具备理论教学能力和实践教学能力的教师。

其次，“双师型”教师队伍建设是现代高职教育发展的内在要求，是推进新时期职业教育大改革、大发展以及促进就业的必然要求，也是实现高职院校与企业共同发展的必然要求，对提升高职院校高素质技术技能型人才培养质量，促进职业教育现代化具有重要意义。同时，通过校企合作，建立健全高职院校“双师型”教师队伍的管理体制和运行模式。

最后，高职院校需要不断加强“双师型”教师队伍的建设，推进教师招聘渠道多元化。《国家职业教育改革实施方案》要求，“从 2019 年起，职业院校、应用型本科高校相关专业教师原则上从具有 3 年以上企业工作经历并具有高职以上学历的人员中公开招聘”。这一政策的实施，打破了传统高职院校招聘教师的单一机制，使教师的招聘渠道更加多元化。例如，高职院校可以通过校外招聘引进教师，学校和企业联合培养，引进企业的工程技术人员、高技能人才等方式，加强教师队伍建设，增加高职院校“双师型”教师数量，这有利于高职院校和企业的互通合作，确保教育教学质量不断提高。

1.1.3.5　学生能力素质化

现代高职教育就是要“培育有优良思想品德及积极职业人格的现代职

业人”。学生能力素质高，既包括思想政治素质高，也包括职业道德水平高、职业精神良好、专业能力强、综合素质高。

第一，思想政治素质高，就是要培养学生在职业发展道路上能始终把正确的世界观、人生观和价值观作为人生导向，思想意识、道德行为、政治态度等是大学生“三观”的综合体现。同时，大学生要坚定理想信念，具有强烈的爱国主义精神，能正确处理好个人与集体、国家利益的关系。在大学生的多元素质中，思想政治素质应是大学生首先具备的素质，居于各种素质之首。

第二，职业道德水平高，就是基于对职业的正确认识，建立在职业责任感和职业道德观念之上，把职业当成事业、当成人生、当成奉献的高尚情操。要培养学生对从事的职业具有崇敬、热爱乃至奉献的精神，在担当敬业、严谨勤奋、勇于进取、精益求精、责任感、使命感等方面具有优秀的品质。

第三，职业精神良好，就是要培养学生爱岗敬业、诚实守信、办事公道、服务群众、奉献社会等品质。

第四，专业能力强，就是要强化学生的理论知识、锻炼学生的专业技能，使学生能够将在学校所学的专业知识应用到实际工作中。

第五，综合素质高，就是要培养学生在人际交往能力、协调能力、创新能力、自我管理能力、领导能力、终身学习能力等方面具有良好的职业综合素质和优秀的职业人格。

1.1.4 现代高职教育的现状

我国致力于加快发展现代职业教育，不断优化职业教育结构与布局，推动职业教育与产业发展有机衔接、深度融合，集中力量建成一批具有中国特色且高水平的职业院校和专业。教育部等六部门印发的《现代职业教育体系建设规划（2014—2020 年）》指出，到 2020 年，要形成适应发展需求、产教深度融合、中职高职衔接、职业教育与普通教育相互沟通，体现终身教育理念，具有中国特色、世界水平的现代职业教育体系。

党的二十大报告对进一步强化职业教育体系建设进行了具体规划和布局，强调统筹职业教育、高等教育、继续教育协同创新，推进职普融通、产教融合、科教融汇，优化职业教育类型定位等，为职业教育的蓬勃发展绘制了宏伟蓝图，指明了发展方向和路径，提振了大力发展职业教育的信心和士气。但是，目前我国职业教育仍然存在如下问题。

1.1.4.1 高职教育的社会认可度不高

调查显示，社会普遍认为职业教育是学生不得已的选择，只有考入本科无望的学生才会选择报考职业院校，不论是学生家长还是学生本人，都对职业教育有一定的抵触心理，认为当技术工人难有出头之日，这导致职业教育认可度下降，报考职业院校成了考生的“无奈之举”“末路选择”。

1.1.4.2 高职教育与产业发展的契合度有待提升

高职教育是我国教育体系的重要组成部分，是推动产业转型升级、科技创新赋能、科技成果转化、技术创新的重要动力，为现代产业体系高质量发展和跨越式提升蓄力添势。在科技创新的推动下，社会经济得到了突飞猛进的发展，现代化产业体系初步形成，产业结构进一步优化，市场需求多元化且日新月异、技术攻坚发生历史性变革。但是，目前高职院校的专业课程设置、课程体系建设、技能考核标准、实习实训方案、创新能力培养等与产业发展需求还未能实现有效衔接，未能达到合作共赢的效果，还无法从区域产业定位、产业结构、产业特色等角度及时调整专业课程设置，完善技能培育、实习实训等的方式。

1.1.4.3 高职教育人才培养手段和路径单一

高职教育的人才培养模式及成效与现代企业对人才职业素养的需求还有较大差距。高职院校的学生在校内以理论学习为主，在实践基地以实习实训为辅，其在校期间无法获得技能提升，无法实现技术革新、技术创新，且对专业素养、行业需求缺乏正确认知和定位，这导致职业教育人才培养与企业需求匹配度低下；部分高职院校即使与企业签订了校企合作协议，也是纸上谈兵，未能有效落实。

1.1.4.4 高职教育所育之才“三感”不高

“三感”即获得感、幸福感、荣誉感，因为高职教育在社会层面的认可度不高，所以高职教育培养出来的人才的获得感、幸福感、荣誉感普遍偏低，且存在在工厂里工作的工人不如在写字楼里工作的白领这一认识误区。高职教育培养出来的人才在无形之中背负着一种难以释怀的精神压力，这容易导致其专业、技能等的创新优势无法发挥和展现，难以寻求职业光明。

1.2 现代高职教育模式

1.2.1 我国人才培养模式现状

人才培养模式是指在一定的现代教育理论、教育思想指导下，按照特定的培养目标和人才规格，以相对稳定的教学内容和课程体系、管理制度和评估方式实施人才教育过程的总和。

1.2.1.1 “订单式”人才培养模式

目前，已经有部分高职院校开展“订单式”人才培养模式。“订单式”人才培养模式是以企业“下订单”、学校完成“订单”的模式为基础。这种模式使毕业生的就业问题得到及时解决，学生可以实现“零距离”上岗，在学校就能完成就业岗位培训，从而更好地发挥所学专业的优势。“订单式”人才培养模式需要在高职院校招生阶段开展，学校需要与企业签订协议，企业作为用人单位，可以对学校提出人才需求数量、培养质量、培养期限等方面的要求。在这种人才培养模式下，企业需要参与到高职院校的课程设计当中，与学校共同制订教学计划，将企业的用人标准、管理理念、企业特色融入教学当中，推动校企合作更加紧密，迈向新高度。

对于教育体系的建设来说，教育模式的创新是一个极其重要的因素。我国在不断探索高职教育的模式，高职院校需要明确自身的社会责任，结合社会市场需求和学生个人发展需求，改进人才培养模式，提高人才培养质量。在实践中，高职院校需要加强与企业的交流，增强教学的开放性，促进学生专业知识能力、专业技能、职业素养的提高。

1.2.1.2 “工学交替”人才培养模式

为提高人才培养质量，很多高职院校由顶岗实习、“订单式”培养过渡到“工学交替”的模式。该模式主要是“学生参与到实际岗位中”和“学生在校的课堂学习”相互交替。“工学交替”人才培养模式覆盖范围较广，既能丰富专业教学内容，又能优化课程实施形式，高职院校可以通过“工学交替”人才培养模式开展全方位的校企合作。

“工学交替”就是将学生在校学习与生产实践相结合，学校需要定期安排学生到企业参与生产实践，让学生通过轮岗学习了解企业对人才的需求，掌握先进的技术，同时感受行业企业文化，实现“做中学”“学中做”。在这种模式下，学校需要把握好教学和工作实践的关系，以一段具体时间为单位，使学生在“员工”和“学生”两种角色间转换。从企业的角度出发，这种模式有利于学生进入企业后明白岗位的需求；从学生的角度出发，这种模式有利于培养学生的职业意识，使学生积累工作经验，提高就业能力。总而言之，“工学交替”人才培养模式需要把握好学生的双重身份和两个学习场所，实现资源互补。

1.2.1.3 “工作室制”人才培养模式

“工作室制”人才培养模式是以工作室为载体，将课程、教室与生产实践融为一体，将传统的学校封闭式教学模式转变为面向生产实际的开放式教学模式，以课程知识为基础，以专业技术的应用为核心，以专业教师为主导，以承接技术项目为主要任务，将生产与教学紧密结合，由教师带领学生在承接和完成生产技术项目的过程中完成综合专业技术的训练。

“工作室制”人才培养模式融合了企业项目、产品设计、实际应用等多个方面，能够为学生提供驱动性的学习任务，同时利用企业项目引导学生学习，使专业理论教学与工作室的实践操作融为一体，实现教学与就业无缝衔接。在“工作室制”人才培养模式下，学校需要加强对工作室的管理，引入企业的指导团队，建立起稳定的“产、学、研、做”工作室，充分发挥合作单位的作用，确定好合作单位的责任和权利。在这种模式下，学校、企业、相关的第三方权威机构需要共同制定人才培养的质量评价标准，这样才能让“工作室制”人才培养模式充分发挥作用。

1.2.1.4　“现代学徒制”人才培养模式

“传统学徒制”是一种在岗位实际工作过程中，师傅以言传身教为主要方式向学徒传授职业知识和职业技能的学习形式。“现代学徒制”不仅是“传统学徒制”融入学校教育的一种职业教育，也是“传统学徒制”的继承和发展。以行业企业的岗位能力需求为导向，融合专业知识教育与实践技能培训，是职业教育校企合作不断深化的一种新形式。学校教师和企业领导双向培养学生，为学生半工半读、工学交替结合搭建平台，为学生能够提早了解职业特点、明确岗位需求、适应工作岗位、提高职业素养提供了强大的保障。

近年来，许多高职院校在教育教学中重点关注社会行业需求，过多地强调职业需求和工作岗位对学生的要求，忽视了学生自我提升、自我完善的追求；更多地关注职业教育的外在价值，忽略了职业教育的内在价值。因此，必须赋予“现代学徒制”教学活力。“现代学徒制”的核心是坚持以人为本，关注人的全面发展和可持续发展，兼顾社会行业的需求和个人自我发展的需求。

1.2.2　国外人才培养模式现状

国外部分发达国家的职业教育起步较早，目前已经形成了较为成熟的人才培养模式以及运行机制。发达国家非常重视实践、实操环节的教学，且学校与企业之间的合作形式多样。研究国外的人才培养模式有利于促进我国职业教育的模式创新，对促进我国探索产教融合人才培养模式具有积极的借鉴和参考意义。

1.2.2.1 德国“双元制”人才培养模式

德国“双元制”人才培养模式一直是各国职业教育发展与改革借鉴的典范。“双元制”人才培养模式主要是以企业为主体，企业与学校协同合作，承担人才培养任务；学生在学校学习专业基础理论知识，在企业学习专业核心课程和掌握实践技能，学生拿到职业教育主管部门颁发的资格证书以及学校颁发的毕业证书后，可直接到企业实习和工作；学生根据专业课程教学计划在学校与企业两个学习场所进行不同教学内容的学习。

“双元制”人才培养模式由企业主导，企业深度参与人才培养全过程，所以职业学校可以有针对性地为企业培养专业人才，而企业可以引进与工作岗位对口的高水平技术人才。这一模式在一定程度上符合德国市场经济发展的需求，为培养出来的人才提供了更加精准的就业岗位，从而提高了德国制造业在世界的知名度，为德国经济发展作出了巨大贡献。

1.2.2.2 英国“三明治”人才培养模式

英国“三明治”人才培养模式主要是工作与学习相结合的培养模式，即在学校学习和在企业工作。该模式将人才培养的时间节点分为两类，即工作时间和学习时间。通过这两类时间，学生可以将有关专业知识的学习和企业的实操训练相结合。学校主要负责专业知识的教学，而企业主要负责引导学生进行实践训练，让学生学到的知识得以运用，提高学生的实践能力。

“三明治”人才培养模式最大的特征在于课程体系的建设。该模式的课程体系在课程教学和评价教学等环节都持有校企合作理念，主要突出学生学习的主体地位。教师通过教学案例展示、问题讨论等教学方式，引导学生更好地自主思考，提高学生的主动性和创造性，从而促使学生更好地掌握专业知识；企业的实践教学强调学生亲自进入企业，参与生产过程，实现教学与实训合一。

1.2.2.3 澳大利亚“新学徒制”人才培养模式

澳大利亚“新学徒制”人才培养模式是将学徒培训课程与培训生制度

融合的一种培养模式。该模式为在校大学生提供了多样化的培训途径，并且开设成人在职培训课程，为社会上的年轻人提供培训。培训方式主要是在各州和地区的许多注册培训机构，“师傅”与“学徒”签订合同，“学徒”除了在企业接受培训学习，还会被送到职业技术与继续教育学院（Technical And Further Education，TAFE）学习。这一模式满足了不同社会群体对专业技能知识学习的需求。

与英国“三明治”人才培养模式相同，“新学徒制”人才培养模式的最大特征也在于课程体系建设。“新学徒制”人才培养模式在课程实施与教学上积累了丰富的经验，展现出灵活多样的特点。“学徒”在培训学习过程中，可以根据自身实际情况选择是否在培训学习后正式从事相关工作。“新学徒制”人才培养模式的教学方式具有较强的实践性，主要运用参观法、演示法等使学生需要学习的知识更加直观。同时，政府也积极鼓励公司或个人投资社区的培训场所，逐年加大对学徒培训的资金投入力度，以确保学徒培训顺利完成。

1.2.2.4　美国“合作教育”人才培养模式

美国“合作教育”人才培养模式是将学生专业理论课堂学习和企业实践训练相结合的一种培养模式。学生在企业中的实习岗位与其所学的专业息息相关，将专业理论课堂学习和企业实践训练结合起来，有助于提高学生的实践能力。该模式主要是在教学过程中，将学生分为两组，一组学生在学校学习专业理论知识，另一组学生在企业进行实训学习，在两个教学过程进行到一定阶段后，两组学生互换。这一模式遵循的是工学交替原则，使企业、学校、学生三方实现了共赢，并得到了美国相关政府机构的高度重视。

1.2.2.5　法国“学徒制”人才培养模式

法国“学徒制”人才培养模式的主要内容是企业、学校、学生培训中心以及政府的全体参与，专业理论课在学生培训中心进行，实践操作课则在学生所签企业的工厂进行，并且有专业教师对学生进行指导，将学校教育与企业培训有机结合。学生可以通过工学交替的方式学习，具有学生和企业员工双重身份。“学徒制”人才培养模式的特殊之处在于学徒与企业（培训中心）之间签订了培训合同，并有相关立法保护学生和企业，且为企业提供一定的补助金。

1.2.3 我国人才培养模式存在的问题

1.2.3.1 管理思想落后，限制学生发展

首先，在人才培养的过程中，每个环节都需要管理的配合，而管理的方式、方法又受到管理思想的影响。因此，管理思想的正确与否对人才培养能否顺利推进有着重要影响。过分注重“管”的思想观念对高职院校的可持续发展有着不利影响，破坏了高职院校内部的和谐与民主。

其次，严格管理制度的实施在一定程度上限制了学生自主创新能力的发展，容易引起学生的抵触心理，进而降低学生的主动性与积极性，不利于学生的创新发展。

1.2.3.2 人才培养质量呈现下滑趋势

导致高职院校人才培养质量下滑的因素有很多，从教授和学习的联系上进行分析，既有教师的因素，也有学生的因素。

一方面，对教师教学能力、实践能力、科研能力要求降低，导致高职院校的教学能力提升缓慢，甚至出现落后的现象。具体表现有：部分年龄大的教师安于现状，缺乏进取精神；缺乏对知识继续学习的积极性，致使理论水平停滞不前无法满足社会经济发展的需求；对相关学科的研究有所懈怠等。

另一方面，受各种因素影响，学生在学习过程中缺乏创新思维，没有接受正确的教育指引，没有明确的目标和方向，缺乏自主学习的主动性和积极性。这些原因都使培养出来的人才质量有所下滑，进而成为阻碍我国高职教育发展的原因之一。

1.2.3.3 教学课程设计不合理

首先，高职院校教学课程设计缺乏灵活性。大部分高职院校在教学课

程的设计上存在相似之处，都是由公共必修课、专业课、公共选修课、专业选修课四个模块组成。高职院校没有结合自身的实际情况对人才培养方案进行相应的调整，为了实施完整的专业教育，基本会将专业课安排在学生的大三或大四阶段。大三、大四学生一方面要完成毕业论文设计，另一方面要找工作实习，不能将大量时间放在学习上，这也就不利于高校人才培养质量的提高。其次，部分高职院校为完成规定的教育教学目标，盲目缩减专业课课时，对学生有效学习理论知识产生了不利影响，无法保证对学生综合能力培养的有效性。

1.3　现代高职教育体系

1.3.1　我国高职教育体系的发展历程

我国现代意义上的高职教育实际上是随着改革开放而逐步发展起来的。一系列支持政策高密度发布主要集中在党的十八大以来，特别是党的十九大、二十大期间。

1.3.1.1　现代教育体系类型

我国现代教育体系主要包含两大类型，一类是普通教育，培养知识型、学术型、学科型人才；另一类是职业技术教育，培养技术型、技能型、操作型人才。我国的职业教育最早始于150多年前洋务派在福州创办的船政学堂。应该说，我国职业教育是民族资本主义发展的结果，是洋务派等有识之士对西方洋枪洋炮侵略的回应，也是我国实用型教育的发端，但此时的职业教育仍是普通教育的一个支流。

经过一个多世纪的探索与发展，直至2019年，国务院明确指出，“职业教育是与普通教育不同的教育类型，具有同等重要的地位”。2022年，新修订的《中华人民共和国职业教育法》提到，“职业教育是与普通教育具有同等重要地位的教育类型”。由此，职业教育终于真正地站了起来，成为教育体系中与普通教育并行的一轨。

1.3.1.2 现代高职教育体系内容

2022 年 5 月 1 日，新修订的《中华人民共和国职业教育法》正式实施。该法从以下五个方面推动了产教融合、校企合作。

第一，明确产教融合、校企合作是职业教育的基本制度和办学模式；

第二，让企业成为职业教育重要的办学主体（鼓励企业办学校或培训机构）；

第三，推动企业深度参与职业教育，如在专业设置、课程改革、教材编写、“双师型”教师的培育等方面提供支持；

第四，对于产教融合型企业，给予奖励和激励；

第五，鼓励学校重视和加强校企合作。

国家对高职教育体系的建设高度重视，不断从政策方面推进现代高职教育体系的建设，为高职教育体系的建设提供了制度保障。随着一系列政策、制度的出台，我国现代高职教育体系不断构建和完善，已经形成了世界规模最大的职业教育体系。2022 年，中共中央办公厅、国务院办公厅印发的《关于深化现代职业教育体系建设改革的意见》明确指出，持续推进现代职业教育体系建设改革，优化职业教育类型定位；要不断在现代职业教育体系建设上进行改革，形成可持续发展的职业教育体系。

目前，我国高职教育在层次、规模等方面取得了不错的成绩，已经形成了涵盖专科、本科、硕士、博士四个层次相对完整的体系。在传统认知上，高职教育只是专科层次的职业教育。实际上，我国的高职教育体系正在不断完善，本科、硕士、博士也属于职业教育范畴。随着市场需求的不断变化，现在的人才选拔已经不再是单看专业知识，而是更重视实际工作过程中的实践能力。因此，很多高职院校顺应市场的用人需求，更加倾向于对学生实践能力的培养，更多新型教学方式出现，如“产教融合”“校企合作”等。这不仅有助于培养高素质的技术技能型人才，还丰富了我国高职教育体系的内容。

1.3.2　现代高职教育体系的特征

1.3.2.1　公共性

公共性是指现代高职教育成为面向整个社会的公共事业，它面向全体人民，为全体人民服务。而现代高职教育体系的公共性也指教育的公平性，即在提高全体人民素质的基础上培养人才。

1.3.2.2　生产性

现代高职教育与物质生产结合得越来越紧密，与生产领域发生的关系越来越密切和多元化。在这个知识经济的时代，现代高职教育体系的生产性特征将会表现得越来越明显。

1.3.2.3　科学性

一方面，科学教育是现代高职教育的基本内容和最重要的方面；另一方面，现代高职教育体系的建设越来越离不开科学的指导。

1.3.2.4　开放性

从整体来说，职业教育具有开放性的特征。相对于传统的高职教育体系来说，当前的高职教育体系更加开放、更加包容。教学模式逐渐转变，从封闭型转变为开放型，使学生主体拥有更多的机会面向社会、面向就业市场。

随着产教融合的不断深化，学生可以进入企业学习，或者企业人员到学校为学生提供教学辅导，实现了校企的双向互动。同时，开放性的这一特征也使现代高职教育体系为社会上想要获取知识和爱好学习的人提供了平台。

1.3.2.5　时代性

高职教育体系不断进行扩充，在原有的高职教育内容中增添了新内容，具有时代性特征。时代性特征是高职教育永葆活力的重要因素。建设现代高职教育体系就是要求改革者根据时代发展的要求，设计和构建与各方面改革相适应的规则体系。

因此，建设现代高职教育体系通常是教育改革发展过程中的重要关注点，要不断跟上时代的步伐。我国的现代高职教育体系最明显的时代性特征就在于增添了在职教育的内容模式，这一变化不仅丰富了职业教育的形式和内涵，也使其更加适应经济社会发展的需要。

1.3.2.6 革命性

现代高职教育体系在培养目标、教学课程、教学内容、教学方法、组织形式、评价标准、结构体系等多方面处于不断变革中，其革命性源于现代生产与生活，且以科学技术为基础。因为科学技术的本质就是不断创新，所以现代高职教育体系也处于不断革新中。

1.3.3 现代高职教育体系构建中存在的问题

1.3.3.1 高职教育办学理念与实际不符

在高等职业院校的教育中，办学理念是一个全局性的、具有指导性的纲领性理念，对高等教育的高质量发展、教育体系的构建起到了关键作用。但是，我国高职教育的发展历程相对较短，一些领导者对高职教育缺乏全面且充分的认识，在教育过程中某些思想、某些举措会与有关高职教育的思想、举措存在一定的偏差。总的来说，可以将这些偏差总结为以下两个方面。

第一，高职教育的基本价值观出现了失衡的现象。在长期应试教育的影响下，我国教育事业出现了一系列问题，如在实际教育的过程中重理论、轻实践，重视高职教育的功利化发展而严重忽视了高职教育的社会化功能。甚至在当前严峻的就业形势下，高职教育逐渐转变成了谋生教育，学生在受教育的过程中无法获取本应具备的人文素养、技术技能以及相应的自主能力，这导致其人文素养匮乏，缺乏核心竞争力，无法跟上经济社会发展的节奏。

第二，高职院校的内部管理工作较为严格，而且大多数高职院校遵循的是对内式的办学理念。在这种办学理念下，高职院校的教育缺乏与时俱进的能力，与当前社会对高职院校的要求严重不符。因此，现代高职教育体系应当增加校企合作办学的比例，以更好地满足社会对人才的需求，提高高职院校跟踪市场动态和就业需求的能力。

1.3.3.2　高职教育体系中人才培养平台不完善

首先，高职院校的专业设置目标不是很明确，难以跟上社会发展的步伐，也无法适应当前社会对高素质复合型、应用型人才的需求。近年来，我国经济形势发生了重大变化，经济结构调整的步伐越来越快，我国也正朝着制造业大国向制造业强国、中国制造向中国创造转变的方向发展。在这个重要阶段，各个行业均迫切需要高端的技术技能型人才。但是，我国长期以来培养的很多人才都是应试型人才，高职院校必须转变当前的办学思路，构建完善的人才培养平台，为社会输送更多的有用人才。同时，高职院校在教学中应当灵活多变，构建多样化的人才培养模式，对专业进行创新设计。

其次，当前高职教育体系中的课程设计存在不合理的情况，很多高校课程设计的功利化思想比较严重，将是否具有短期效益作为衡量课程设计优劣的唯一标准，严重忽略了人文课程对于学生综合素养的重要性，以及高职教育的社会化功能，这使学生们在未来职场中的可持续性竞争力下降。

最后，高职院校教育体系间的联结性不强，中高职院校之间的衔接难以到位，这也使教育体系的完整性缺失。在当前的职业教育体系中，中职院校和高职院校在生源的类型以及教学体系的设置方面都存在很大不同。所以，在教学内容、培养目标以及教学方法等方面存在衔接不畅的情况，致使教学资源重复浪费，对人才的培养以及学生未来的就业发展有着消极影响。

1.3.3.3　高职教育体系的社会保障机制不健全

高职教育体系的正常运转离不开社会保障机制的保驾护航。

首先，高职教育体系的相关法治保障机制不完善，高职教育的法治环境建设比较落后，甚至在办学的过程中可能存在高职教育相关法律与上位法之间的冲突。

其次，科研保障机制匮乏。在高职教育体系中，科研工作和教学工作是齐头并进、相互促进的，但高职院校在人们的认知中往往是培养技术工人的专业学校，人们对其科研要求不是很高。因此，在办学过程中，一些高职院校没有制定科研工作量管理、科研成果管理、科研经费分配等方面的制度，也无法为想从事科研工作的教师提供内外部的保障。

最后，经济保障机制存在着不完善的情况。目前，我国对地方性的高职院校管理分为三种情况，分别是企业主管、地市主管和省直管。主管部门经济支持力度的大小对高职教育体系建设产生了一定影响，办学经费的多少将直接决定办学质量的高低。而在经费筹措方面，高职院校明显存在弱势的情况，且具有一定的被动性，这对高职教育体系的完善产生了不利影响。

1.4 现代高职教育发展趋势

1.4.1 现代高职教育的发展变化

目前，我国已搭建起世界最大规模的职业教育体系，中国特色职业教育发展道路和模式基本形成，职业教育吸引力、影响力、竞争力不断增强，职业教育面貌发生了历史性、格局性的变化。

1.4.1.1 高职教育的认知变化

高职教育在服务经济社会发展和学生个人成长成才中发挥了不可替代的重要作用。

首先，长期以来，高职教育止步于专科被认为是其发展的关键瓶颈。由于大众对高职教育有“无奈的选择”“低人一等”等偏见，人们对高职教育产生了抵触心理，高职教育吸引力不足。

其次，近年来，有关职业教育改革创新发展的法律制度和政策陆续出台，助力了职业教育的高质量发展。从《国家职业教育改革实施方案》到

《关于推动现代职业教育高质量发展的意见》等政策的出台，为职业教育发展指明了方向和路径；而新修订的《中华人民共和国职业教育法》明确指出，“职业教育是与普通教育具有同等重要地位的教育类型”，这使职业教育深化改革有了更坚实的制度保障。

最后，职业教育办学“天花板”被逐步打破，“中职、高职专科、职业本科”一体化的职业院校体系基本建成，中职的基础地位得到进一步巩固，高职专科的主体地位不断强化，职业本科正在稳步发展。职业教育与基础教育、高等教育、继续教育之间初步构建了融通机制。2019 年以来，教育部先后批准 32 所学校开展本科层次职业教育试点，支持优秀专科高职院校升级一批骨干专业举办职业本科教育，鼓励应用型本科院校开设职业本科专业，切实提高高层次技术技能人才供给能力，进而通过高职教育的不断革新颠覆人们的传统认知。

1.4.1.2 高职教育的发展模式变化

(1)“以人为本”模式。

高职教育模式由“只管就业”转向“以人为本”，即“以学生为本”。高职教育更加注重学生的全面发展。职业教育虽是促进就业的重要途径，但不是单纯的就业教育。目前，我国对高职教育有了更加清晰、明确的定位，就是要服务学生的全面发展，建立健全多方式、多形式衔接，多通道成长，可持续发展的梯度职业教育和培训体系，推动普通教育和职业教育协调发展、相互融通，让有不同禀赋和不同需求的学生多样化成才。这对消除社会对职业教育的偏见，消解普通教育和职业教育分流带来的教育焦虑有重要促进作用。

(2)“产教融合”模式。

高职教育模式由“只管教育”转向“产教融合”。这一转变使高职教育更加注重产业与教学的结合，更加注重服务经济社会的发展。产教融合是现代职业教育的基本特征，也是现代职业教育最大的优势之一，更是高职教育改革的难点与重点。为了使产教融合不断深化，我国提出了建设市域产教联合体和行业产教融合共同体的制度设计，将职业教育与行业进步、产业转型升级、区域协调发展捆绑在一起，充分发挥各自优势，创新良性互动机制，破解人才培养供给侧与产业需求侧匹配度不高等问题，使培养出来的人才到专业岗位发挥自身优势，将学到的知识、技术技能与实践相结合，这将有利于经济社会的高质量发展。

（3）“全局发展”模式。

高职教育模式由“区域发展”转向“全局发展”。这一转变使高职院校更加注重形成新发展格局。要想立足新发展格局，就要在国内、国际两个场域谋划部署高职教育发展，而不仅仅是区域发展。

一方面，可以服务区域经济社会发展，以教促产、以产助教、产教融合、产学合作，推动形成与就业岗位相符合、与市场需求相适应、与产业结构相匹配的现代高职教育结构和区域布局。

另一方面，要立足区域优势、发展战略、支柱产业和人才需求，建立健全职业教育国际合作机制，使我国职业教育由内到外、从“单向引进借鉴”走向“双向共建共享”，逐步形成具有中国特色的职业教育国际化发展模式。

（4）“协同发展”模式。

高职教育是与普通教育具有同等重要地位的教育类型，但二者不是平行的，更不是对立的。要明确高职教育类型定位，统筹职业教育、高等教育、职业教育协同创新，从“不同”走向“协同”，各种教育类型优势互补、交叉融合，都服务于“办好人民满意的教育”这一共同目标，服务于全面建设社会主义现代化国家、全面推进中华民族伟大复兴这一共同伟大事业。

（5）“多元发展”模式。

高职教育办学主体由“单一”转向“多元”。这一转变使高职教育更加注重社会力量的参与。深化高职教育体系建设改革，致力于建立政府、行业、企业、学校协同合作的发展机制，完成由以政府举办为主导的办学格局向政府统筹管理、社会多元参与的办学格局的转变。在办学形式和内容上，应当鼓励与支持地方重点行业结合自身特点与优势，在职业教育体系建设改革上先行先试、率先突破、示范引领。

1.4.1.3 高职教育的体制机制变化

（1）多元化办学格局机制。

构建政府统筹管理、行业企业积极举办、社会力量深度参与的多元化办学格局；建立健全权益分配、干部人事管理等制度；鼓励上市公司、行业龙头企业举办职业教育；鼓励各行各类企业依法参与举办职业教育；鼓励职业院校与社会资本合作共建高职教育基础设施、实训基地，共建共享公共实训基地。

（2）产教深度融合机制。

各级政府统筹高职教育人力资源开发的规模、结构和层次，打造经济社会服务精准、运作规范的产教融合服务组织；分级分类编制并发布产业结构动态调整报告、行业人才就业情况和需求预测报告；以城市为节点、以行业为支点、以企业为重点，建设一批产教融合试点城市，打造一批引领产教融合的标杆行业，培育一批行业领先的产教融合型企业。

（3）丰富办学形态机制。

高职院校积极与优秀企业开展双边或多边技术协作，共建共享技术技能创新平台，推动职业院校在企业设立实习实训基地、企业在职业学校建设培养培训基地；推动校企共建共管产业学院、企业学院，扩大职业院校办学空间。

（4）拓展校企合作形式内容机制。

高职院校主动吸纳行业龙头企业深度参与职业教育专业规划、教学课程设置、教材开发、教学设计、教学实施，共建新专业、开发新课程、开展订单培养模式；鼓励行业龙头企业主导建立全国性、行业性职教集团，推进实体化运作，支持企业接收学生实习实训，引导企业按岗位总量的一定比例设立学徒岗位；严禁向学生违规收取实习实训费用。

1.4.2 现代高职教育的发展趋势

随着社会经济的发展和人才需求的变化，高职教育也在不断变化和调整。

1.4.2.1 我国现代高职教育体系正在逐渐完善

为解决人才供需不匹配的问题，我国政府相继出台了一系列政策以推动高职教育发展。目前，我国职业教育主要政策方向包括职业教育改革和推进非学历职业教育培训。其中，2021 年 10 月 12 日，中共中央办公厅、国务院办公厅联合印发的《关于推动现代职业教育高质量发展的意见》是我国职业教育发展的关键节点。此次职业教育改革提出，到 2025 年，职业本科教育招生规模不低于高职教育招生规模的 10%。在政策的引导下，我国本科、高职在校生占比将不断优化。

1.4.2.2 政府加强引导，叠加经费支持

高职教育是国家教育事业的重要组成部分，对于培养高素质技术技能人才、推动经济社会发展具有重要意义。我国通过不断加大经费投入力度、完善职业教育和培训体系、优化学校与产业布局、深化办学体制改革等多种方式保障职业教育的持续发展。数据显示，2019 年，我国职业教育经费投入 5019 亿元，较上年增长 8.8%；2020 年，我国职业教育经费投入 5630 亿元，较上年增长 12.2%。在政策引导及经费支持下，我国高职教育的战略地位快速提升，现代高职教育体系也在逐渐完善。

1.4.2.3 民间资本投资的积极性提高

国家对高职教育的重视程度提升，民间资本投资高职教育的积极性也随之提高，我国高职教育培训市场规模呈现良好的增长态势，迎来“发展春天”。数据显示，2012 年 1 月到 2022 年 3 月，我国职业教育领域共完成投融资 705 次，总金额为 371.75 亿元。其中，2016 年，我国职业教育投融资数量达到顶峰，为 167 次。2020 年和 2021 年，我国职业教育单笔投资超过亿元的项目也不在少数。

2019 年，我国职业教育市场规模为 5760 亿元，较上年增长 13%；2020 年，我国职业教育市场规模为 6530 亿元，较上年增长 13.37%。预计 2024 年，我国职业教育市场规模将突破万亿元。

1.4.2.4　高职教育逐步数字化转型

首先，随着高职教育发展不断向好，我国人才供给不平衡的问题将有所缓解。但是在信息化、数字化、网络化、智能化的发展环境下，新业态不断涌现，再加上全行业数字化快速推进，企业对数字化人才的要求和需求将不断提升。

其次，在该发展环境背景下，现代高职教育将会呈现以下新趋势。

一是数字化、智能化、个性化。高职教育将更加注重数字化、智能化和个性化的教学手段及教育内容，以适应学生个性化的需求和就业市场的变化。

二是多元化、国际化。高职教育将更加注重多元化、国际化的教育模式和课程设置，以提高学生的跨文化交流和创新能力。

三是校企深入合作。高职院校与企业的合作将更加广泛和深入，通过校企合作和实践教学等方式，提高学生的实践能力和就业竞争力。

四是创新创业。高职教育将更加注重创新创业教育，培养学生的创新精神和创业能力，为培养创新型人才作出贡献。

此外，我国的人才需求缺口还会持续加大。数据显示，截至2020年底，我国数字化人才缺口已接近1100万人。为满足市场需求，国家、企业、学校正在积极探索如何培养出更多符合行业需求的数字化人才。在此背景下，我国职业教育数字化转型已是大势所趋。

总的来说，高职教育的未来充满了各种机遇和挑战。我们应该加强对高职教育的关注和支持，不断优化高职教育的质量保障体系，为我国经济社会的发展培养出更多高素质的专业型、技能型人才。

本章小结

本章主要是现代高职教育的概述，结合现代高职教育的内涵特征、现代高职教育模式、现代高职教育体系、现代高职教育发展趋势展开论述。

我们通过对研究问题的深入分析与讨论，结合文献、查找数据，对本章论述的内容进行全面的分析与解释。

第一，我们要了解现代高职教育的概念。

首先，现代高职教育在我国教育体系中扮演着非常重要的角色，随着经济社会的不断发展，人才需求不断扩大，现代高职教育的作用也越发凸显。目前，高职教育正在不断改变大众的传统认知，不断提高高职教育在人们心中的认可度，不断深化改革职业教育体系建设。

其次，随着高职教育的不断变革创新，如今的高职教育更加重视与行业的融合和与市场的接轨，着重培养学生的就业竞争力和个人认知能力。明确现代高职教育的作用，正确认识现代高职教育，摒弃重普通教育、轻职业教育的错误观念。同时，现代高职教育在培养人才的过程中，要遵循人才的培养规律，准确把握办学定位和培养目标。

最后，我们要对现代高职教育的特征进行全面了解。现代高职教育教学主体多元化，使其突破了长期以来的传统教学模式，优化了职业教育的资源配置。在培养目标上，现代高职教育具有职业性特征，强调以就业为导向，根据市场需求、岗位需要着重培养学生的专业能力，发挥其自身价值。在专业设置上，现代高职教育具有产业性特征，在设置专业时突出行业性、区域性。在教师队伍建设上，现代高职教育致力于打造“双师型”教师队伍，这有利于加强高职院校和企业之间的交流，提高教学质量。在学生能力方面，现代高职教育着力培养高素质技术技能型人才。

第二，从多个方面对现代高职教育模式展开论述。

首先，阐述了我国的人才培养模式、国外的人才培养模式。尽管我国已经陆续开展了一些人才培养模式的试点工作，但从整体来说，我国高职院校的培养模式较为单一，办学模式还存在较大的提升空间。

其次，人才培养模式在创新过程中受到部分传统理念的束缚、制度的限制以及资源的约束，这对于我国当前人才培养模式的创新来说是极大的挑战。

最后，人才培养模式最重要的是“以人为本”，即以学生为本。要做好顶层设计、建立多方协商机制，整合和优化教育资源，形成有效的人才培养模式，奠定人才培养创新的基础。

第三，随着时代的进步与发展，我国现代高职教育体系在不断地进行扩充，处于不断变革中。

首先，现代高职教育要求面向全体人民，与物质生产紧密结合。毋庸置疑，我们要科学地指导现代高职教育体系建设。

其次，现代高职教育体系在构建的过程中还存在一系列问题，例如，高职院校办学理念与当前社会要求严重不符，一些高职院校缺乏与时俱进的能力，导致学生失去核心竞争力等。又如，高职教育体系中人才培养构建平台不完善、社会保障机制不健全，对学生未来的就业发展产生不利影响。

最后，构建现代高职教育体系需要把握好正确方向和根本遵循，寻找着力点和突破口，不断聚焦重点、疏通堵点、破解难点，进而推动我国现代高职教育体系建设健康发展。

第四，现代高职教育的发展趋势涵盖多个方面。

首先，我国已建成最大规模的职业教育体系，人们不断打破原有的传统认知，对高职教育的认知越来越清晰。

其次，高职教育的模式、体制机制发生了明显变化。高职教育模式的不断转变为现代高职教育带来了利好的发展趋势。体制机制的变化也对高职教育的办学格局、办学理念、合作形式等产生了积极影响。

最后，对现代高职教育发展现状存在的问题进行了分析，提出了对策。随着社会经济的不断发展，现代高职教育也在不断变化和调整，未来充满无限机遇与挑战，我们应该加强对高职教育的关注与支持，不断创新与变革，为我国经济社会的发展培养人才、贡献力量。

总之，在职业教育改革的背景下，高职院校需要明确自身的社会责任，结合社会需求和学生个人发展需求，改进人才培养模式，提升人才培养效果。当前，我国人才培养模式包括“订单式”“工作室制”“工学交替”“现代学徒制”等。国外人才培养模式包括德国“双元制”、英国“三明治”、澳大利亚“新学徒制”、美国“合作教育”、法国“学徒制”等。在实践中，高职院校需要结合企业和行业需求更新课程及实训项目，加强与企业的交流，在学校创建产学研一体化基地，设立车间，与企业共同打造教师团队，进一步增强专业教学的开放性，促进学生专业技能和职业素养的提高。从理论上看，现代高职教育在不断完善，其特征功能也发挥了极其重要的作用。同时，要认清发展趋势，科学地发展具有中国特色、面向世界的现代高职教育。

第2章

产教融合相关理论

2.1 教育和产业的关系

2.1.1 教育和产业的概念

教育是指通过学习和培训，提高个人的知识水平、职业技能、价值观和思维能力，以适应社会和工作的需要，实现个人发展和社会进步的过程。

产业是指一组相互关联的企业和组织在生产、加工、销售等方面共同协作，提供产品和服务，以满足人们的需求。产业可以分为制造业、服务业、农业等不同领域。产业的发展对经济和社会的发展具有重要作用。

虽然教育和产业是两个不同的领域，但是它们之间有着密切的联系。教育是社会发展的基础，产业则是社会经济发展的重要支柱。教育和产业之间的关系是相互依存、相互促进的。

2.1.2 产教融合背景下，职业教育对产业的影响

产教融合是指产业和教育两个领域之间的合作与融合，旨在促进产业和教育的互动发展，提高人才培养质量，推动经济发展和社会进步。

职业教育是指为了培养特定职业所需技能和知识进行的教育，是一种

重要的教育形式，对产业的发展具有重要影响。

2. 1. 2. 1　提高劳动力素质和技能

职业教育不仅能提高劳动力的就业竞争力，还能提高企业的生产效率和竞争力，进而推动产业发展。

在现代经济社会中，职业教育的重要性越来越受到人们的重视，通过职业教育提高劳动者的素质和技能已经成为国家战略和企业发展的重要方向。

从个人角度来看，职业教育不仅能为员工提供更丰富的职业选择和发展机会，还能帮助员工更好地适应职业变化和发展需要。通过接受职业教育，员工可以掌握更多的职业技能和知识，从而提高职业素质和积累实践经验，不断提升自身的竞争力和市场价值。

从企业角度来看，职业教育是提高企业生产力和竞争力的有效途径。通过提供职业培训和教育机会，企业可以为员工提供更好的发展机会和成长环境，使员工为企业发展作出更大的贡献。此外，职业教育还有助于企业招聘具备专业技能和职业素养的人才，进而推动企业健康发展。

接受职业教育是提高劳动力素质和技能，促进个人职业发展和企业发展的重要途径。未来，随着科技和市场的不断发展，职业教育的重要性会愈加凸显，个人和企业需要积极适应和拥抱未来，不断提高自身的职业素养和技能。

2. 1. 2. 2　促进产业结构调整和升级

职业教育可以促进产业结构调整和升级，通过接受职业教育，人们可以了解各种职业的发展趋势和市场需求，更好地适应产业结构的变化。同时，职业教育还可以培养各种新型人才，推动产业结构调整和升级，提高产业的创新能力和竞争力。具体来说，主要表现在以下两个方面。

一方面，职业教育有助于推动产业结构优化和升级。通过职业教育，可以培养更多技能型人才，推广新技术、新模式和新理念，推动产业向高端、绿色、智能化等方向转型；还可以帮助企业更好地解决用工难题，提升员工素质，提高生产效率和质量，对产业结构调整和升级有着积极的推动作用。

另一方面，职业教育可以加强产业与教育的对接，促进产学研合作，建立起更加紧密的产业链、创新链和人才链，助力产业结构调整和升级。因此，职业教育在促进产业结构调整和升级方面有着重要作用，我们应该加强职业教育的发展，以满足产业发展的需求。

2.1.2.3　扩大企业的高技能人才储备

职业教育在扩大企业的高技能人才储备方面扮演着至关重要的角色。

首先，职业教育可以帮助企业以更低的成本，更快地培养出具备实际操作技能的人才。在职业教育培训过程中，学生可以学习到更加实用的专业技能，如机械制造、软件编程、汽车维修等，这些专业技能对于企业来说是非常有价值的。职业教育可以为企业培养更多的专业人才，为企业的技术创新和产品改进提供重要支持。

其次，职业教育可以帮助企业更好地扩大人才储备，在人才梯队建设和人才培养方面充分发挥优势，实现企业人才的可持续发展。通过参与职业教育的学习和培训，企业员工可以提高自身专业素质和技能水平，成为更加优秀的人才。这样不仅有助于企业提高生产效率和竞争力，还有助于企业在用人上更加得心应手，因为接受职业教育的学生一般都从事过相关的职业工作，能为企业决策提供更加有效的支持。

2.1.2.4　促进就业和创业

职业教育在促进就业和创业方面有着非常重要的作用。

首先，职业教育可以帮助人们获得更专业的技能和知识，提高自己在职业市场上的竞争力。在现代社会，具备一定技能和知识已经成为人们找到一份好工作的基本条件。通过职业教育，人们可以掌握各种职业所需的技能和知识，提高职业素质和就业竞争力。此外，职业教育还可以为人们提供适应职业市场的理念和技巧，使其更好地应对市场变化，从而在就业时更加得心应手。

其次，职业教育可以促进创业。创业是许多人的梦想，也是许多国家和地区经济发展的重要力量。通过职业教育，人们可以获得更专业的技能和知识，为自己的创业计划提供有力支持。职业教育可以为创业者提供创业的理论和实践指导，以及相关法律、财务和管理等技能，帮助创业者更好地规划和实施自己的创业计划。这样不仅有助于创业者创业成功，还可以为创业者的未来提供更多选择和机遇。

2.1.2.5 文化传承

教育是文化传承的重要途径。在文化传承过程中，教育可以通过多种方式，如传授文化知识、培养文化素养、弘扬文化传统等，为产业的文化传承提供有力的支持。

首先，教育是人类智慧的结晶，是一种重要的文化知识传播途径。通过图书馆、博物馆等文化机构，人们可以学习到多种领域的文化知识，如历史、哲学、文学、艺术等，进一步了解自己国家的文化和传统。这不仅可以加深人们的文化认知，还可以帮助人们更好地了解各种文化背景和差异。同时，这些知识可以为产业的文化传承提供有力的支持，帮助产业更好地了解和继承自己的文化传统。

其次，教育可以通过培养学生的文化素养，促进产业的文化传承和发展。文化传承需要传承者拥有较高的文化素养，能够辨别和继承文化的核心思想与价值观。通过教育的方式，人们可以对文化进行深入的挖掘和研究，从而发现文化中的精髓，传承和发扬优秀的文化传统和优良的风气，使产业更好地保持自身的独特性和特点。

总之，教育对产业文化的传承和发展具有重要作用。通过学习文化知识、培养文化素养，人们可以更好地挖掘和继承优秀传统文化的精髓，促进产业文化的传承和发展。在未来的发展中，我们应该更加注重教育对于文化传承的作用，加大文化教育力度，让更多人了解和重视文化，为产业的文化发展提供更多支持。

2.1.2.6 社会责任

教育是社会责任的重要载体。产业在发展过程中，需要承担社会责任、保护环境、维护消费者权益等。教育可以通过开展社会实践、志愿服务等活动，培养学生的社会责任感和公民意识，进而增强产业的社会责任感。

综上所述，产教融合是职业教育和产业发展的一种新模式，为职业教育和产业发展的融合提供了新思路、新方法。通过与职业教育机构的合作，企业能更好地培养和吸引高素质的技术人才，进而为企业的长远发展打下坚实的基础。同时，职业教育机构也能更好地了解市场需求和技术趋势，为职业教育的教学内容和方法提供有效的支持。产教融合的成功案例，为我们提供了一个很好的示范和借鉴，也为职业教育与产业发展的融合提供了新的思路和方法。

案例分析1

某地区的一家机械制造企业，由于市场需求的变化和国家政策的调整，需要进行一次全面的产业升级。在这个过程中，企业发现自身缺乏高素质的技术人才，技术创新和产品研发能力不足。为了解决这个问题，企业开始寻找合适的职业教育机构进行合作。

经过多方考察和比较，该企业最终选择了一家职业教育机构进行合作。这家职业教育机构具有较强的师资力量和教学资源，能够为该企业提供全方位的技术培训和人才储备。

通过与职业教育机构合作，该企业的技术创新和产品研发能力得到了很大提升，产品质量和市场竞争力也得到了明显提高。同时，职业教育机构也从中受益匪浅。通过与该企业合作，职业教育机构能够更好地了解市场需求和技术趋势，为职业教育的教学内容和方法提供更有效的支持。

2.1.3　产业融合背景下，产业对教育的影响

产业融合背景下，教育与产业的关系日益密切，产业对教育的影响也日益加深。教育要根据产业需求调整自身的发展方向和方式，培养符合产业需求的人才，以更好地为产业服务。同时，产业要为教育的发展提供必

要的支持，推动职业教育、高等教育等改革，提升人才培养质量。

2.1.3.1 产业需求影响教育内容

首先，产业发展需要专业的人才支持，这就要求教育者根据产业需求调整教育内容，制定人才培养标准，明确人才培养目标和要求。随着科技的不断进步和经济的快速发展，产业需求也在不断变化。教育内容必须与时俱进、不断更新，只有这样才能满足市场对人才的需求。其次，随着市场需求的不断变化，教育机构需要不断调整专业设置和课程设置，以适应市场的需求。最后，产业需求对教育内容的影响还表现在教学方法上。在信息技术产业发展迅猛的今天，需要更加注重培养学生的计算机技能和信息素养，也需要采用更加灵活、多样化的教学形式，如在线教育、远程教学、虚拟实验等，以满足产业对人才的需求。

2.1.3.2 产业需求影响教育方式

产业发展需要创新型人才的支持，这就要求教育采用创新的方式，培养具有创新能力的人才。例如，在“互联网+”蓬勃发展的背景下，教育要采用“互联网+”的模式培养高素质人才。

2.1.3.3 产业需求影响教育机构

产业发展需要教育机构的支持，这就要求教育机构通过自身改革发展更好地为产业服务。例如，在大数据产业蓬勃发展的背景下，教育机构要加强大数据相关学科的建设。

案例分析2

阿里巴巴教育是阿里巴巴集团旗下的教育平台，致力于为用户提供优质的教育资源和服务。阿里巴巴教育将阿里巴巴集团在电商、物流、金融等领域的优势与教育产业相结合，推出了一系列创新的教育产品和服务，如在线教育、在线测评、在线辅导等。

由阿里巴巴教育的例子可知，在产教融合背景下，其将自身的技术、资源与教育产业相结合，推出一系列创新的教育产品和服务，为用户提供更加优质的教育体验。阿里巴巴教育的成功经验表明，在产教融合的时代，企业需要不断拓展业务范围，积极寻找新的合作伙伴和商业机会，以实现可持续发展。

2.2 产教融合的理论基础

随着社会的发展和科技的进步，教育的面貌也在发生着改变。产教融合是近年来崭露头角的一种新型教育模式，它采用产业与教育紧密合作的方式，使产业需求与教育教学有效结合，以提高教育的质量、保障教学的效果。那么，产教融合的理论基础是什么呢?

2.2.1 产教融合是基于现代化经济的发展和人才培养的实际需要

随着社会经济的发展，各个产业对人才的需求日益多样化，这就需要我们在短时间内培养出更多高素质的专业人才，以快速适应产业的发展。教育通过与产业相结合，用更高效、更有效的方式培养人才，以符合经济的发展需求和人才培养的现实需要。

案例分析3

2015 年，苏宁易购与南京大学合作，共建“苏宁南大智慧家庭联盟”项目，致力于推动智能家居与智慧城市的发展，并培养相关人才。该项目旨在将南京大学的研究成果应用于苏宁易购的智能家居产品，并提供相关培训。

在这个项目中，南京大学通过提供技术支持与实验室资源支持，帮助苏宁易购开发智能家居产品；同时，苏宁易购通过提供实际的商业机会，帮助南京大学更好地培养相关人才。

这个项目的成功，不仅加强了南京大学与苏宁易购之间的合作，还培养了一批优秀的学生和员工。这种产教融合的模式，不仅能促进大学与企业之间的合作及发展，也能为企业提供更优秀的人才，为社会的可持续发展作出贡献。

2.2.2　产教融合是基于教育与实践相结合的教育原理

在传统的教育教学模式中，学生只能在课堂上获得理论知识，缺乏实践经验。而产教融合是将教育与实践相结合，将理论知识与实践技能相结合，使学生能够更好地掌握所学知识并将其应用于实践中。

案例分析4

某高等职业技术学院开设了一门名为“数字营销”的课程。该课程旨在培养学生掌握数字营销领域的相关知识和技能，以提高学生的就业竞争力。在课程设计中，该学院采用了产教融合的教育模式，将课程分为理论学习和实践操作两部分。

在理论学习部分，该学院邀请了数字营销领域的专业人士担任讲师，通过课堂提问、案例分析等形式，将相关的理论知识传授给学生。与此同时，学院还通过企业导师讲授相关课程，为学生提供实践指导和课程评估。

在实践操作部分，该学院设置了数字营销实验室，为学生提供真实的数字营销项目实践环境。学生通过实际操作与团队合作，完成数字营销策划、市场分析、营销方案撰写等任务。在实践过程中，学院还邀请相关企业代表进行顾问式指导，提供现实案例，进行经验分享，以帮助学生加深对数字营销的了解和应用。

通过产教融合的教育模式，该课程使学生在学校与企业中获得了充分的学习和实践机会，不仅帮助学生掌握了数字营销领域相关知识和技能，还提高了学生的就业竞争力和实践能力。该课程在学生中获得了良好的评价和反馈，并得到了相关企业的认可和支持。

2.2.3　产教融合是基于人的全面发展和能力提升的目标

现代社会对人才的要求越来越高，要求其具备全面的能力和知识，而传统的教育教学模式只能满足部分对人才的要求。产教融合使学生能够全面发展，提升自己的实践能力和专业技能水平。

案例分析5

某市政府与当地汽车制造企业合作，在当地高职院校建设了一所汽车制造实训中心，以促进产教融合的实施。该实训中心设有汽车制造、汽车维修等多个专业培训班，学生可选择感兴趣的专业进行深入学习。该实训中心与当地的汽车制造企业密切合作，使学生能够在企业里参与生产，并获得实践经验。

除了传授相关专业知识，该实训中心还注重培养学生的综合素质。通过校企合作，学生将学校生活和企业工作紧密结合，学会了如何与人相处和合作，锻炼了团队协作能力。

该实训中心还注重培养学生的创新能力。学生可以在课程中设计和制造汽车零部件，或者对汽车零部件进行改进和创新，以提升自己的思维能力。

该实训中心的毕业生在市场上得到了广泛认可。不少毕业生进入当地的汽车制造企业，并在工作中运用优秀的专业能力，为企业创造了价值，同时也为当地的产业发展作出了贡献。这些优秀的毕业生成为实训中心的骄傲，也成为产教融合目标达成的明证。

综上所述，产教融合的理论基础在于现代化经济的发展和人才培养的实际需要、教育与实践相结合的教育原理以及人的全面发展和能力提升的目标。这些理论基础促进了产教融合的发展，使其成为一种重要的、越来越受欢迎的教育模式。

2.3 产教融合的功能与作用

现阶段，作为一种新兴的教育模式，产教融合被广泛关注和研究。它将产业界和教育领域紧密联系起来，在培养人才、提高教育质量、促进产业升级、增强国家竞争力等方面具有巨大的潜力和实际意义。本节从产教融合的功能和作用角度来探讨它的意义和价值。

2.3.1 培养适应社会需求的应用型人才

产教融合最主要的功能是培养各行各业需要的应用型人才，使学生在学习的过程中将产业实践和社会实践紧密结合，掌握更多的理论知识和实用技能，具备丰富的实践经验，获得更多样的职业渠道。产教融合为学生提供了实践场所，提供了培养专业技能、积累实战经验的机会，同时也为企业提供了人才培养和招聘的机会，真正实现了学校和企业之间的互利共赢。

案例分析6

南京工业职业技术学院与南京市的数家 IT 企业合作，共同培养软件开发及应用专业人才。该学院开设的软件开发及应用专业涵盖了计算机编程、软件工程等领域的知识和技能，培养学生的软件开发能力和应用能力。学生在学习专业课程的同时，还可以参与课外实践活动，如参加企业开展的项目实践或相关竞赛，以增强自己的实际操作能力和创新能力。

同时，该学院还注重提高学生的职业素养，积极组织拓展活动和职业指导讲座，帮助学生了解行业趋势和用人需求，掌握就业技能，提高自身竞争力。近年来，该学院软件开发及应用专业的毕业生就业率较高，就业岗位涵盖了软件开发、测试、项目管理、系统运维等各个领域，得到了企业的高度认可。

2.3.2 提高教育教学质量

产教融合将教育和产业双向融合，不仅实现了实践运用与学习教育的紧密对接，也有助于教育教学质量的提升。产业界的实操经验、专业知识及最新技术和工艺成果，为学校的教育教学提供了可资借鉴的经验和实践支持。通过对各个层次的产业项目与实践课程的精心设计，提供更全面、更符合实际的教学范例；通过满足实践课程适应时代的需求，培养具有现代业务能力和创新能力的内涵型优秀人才。

案例分析7

背景：江苏省高校现代远程教育发展中心与思科公司合作，共同推出“思科认证网络工程师”(CCNA) 和“思科认证网络专业人员”(CCNP) 等共计5门在线网络技术课程，旨在满足江苏省网络技术人才培养的需求。

实施方案：①资源共享：江苏开放大学和思科公司资源共享，充分利用思科教育资源，推进网络教育的现代化和国际化。②课程整合：将思科公司的技术标准和教育体系与开放教育相结合，重新设计了网络技术课程体系，保证学生在学习网络技术的过程中，既能获取技术知识，又能获取思科认证。③实践教学：将实践教学和理论教学相结合，通过合作企业提供的线下实验室设施，增加网络技术学习的实践机会，使学生能在真实的环境中学习和掌握网络技术。④授课方式创新：采用在线授课方式，实现分布式教学和自主学习，增强学生的自学能力和信息技术的应用能力。

成果与效益：该案例通过产教融合的方式，提供了网络技术课程的在线学习资源，丰富了网络教育的理论学习和实践实验的内容，为学生提供了更多获取思科认证的机会，培育更多的网络技术人才，成功地推动了江苏省网络技术人才培养的现代化和国际化。同时，通过这种方式的合作，江苏开放大学与思科公司也进一步增进了双方的交流合作，实现了互利共赢。

2.3.3 促进产业结构升级

产教融合促进产业结构升级，提高产业竞争力。现如今，在技术和经济迅猛发展的背景下，许多产业和企业均面临着激烈的竞争、高昂的成本、复杂的经营环境等，这就要求它们拥有知识视野广阔的员工，同时确保员工各项技能能够充分运用到实践所需的场景中。在产教融合教育体系下，学校与企业在人才培养上互相合作，企业更切合实际地对学校提出要求，学校必须紧密结合市场的实际需求，逐步改变和升级教育内容、课程及教学方式。因此，企业能够有效发布和传递最新的概念、技术、模型和工具，也能够在开发和规划领域自主开展培训，吸引更多的优秀人才加入，进而更好地满足市场需求，更好地实现企业自身的发展和转型升级。

案例分析8

苏州创新中心是苏州市政府投资的一个产业园区，主要集聚了高科技企业和创新创业孵化机构。该园区以产教融合为核心，围绕科技创新、人才引进和产业发展三大方向，推进苏州地区的产业结构升级。

第一，苏州创新中心聚集了大量的高校和科研机构，这些高校和科研机构利用其优势资源与园区企业达成战略合作。通过实施科技成果转化计划，园区企业可以从高校和科研机构获得最新的科技成果并应用在生产中，为企业提供强有力的科技支撑。

第二，苏州创新中心注重吸引海外高端人才，通过在园区内设立海外人才创新中心、海归人才联谊会等创新创业平台，积极引进国内外高端人才，为企业提供人才支撑和创新动力。

第三，苏州创新中心以二次创业和孵化为代表，推进了众多创新创业项目落地。通过对资源优势的整合，该创新中心打造了一个完整的产业生态系统，并推进了苏州地区产业结构的升级。

苏州创新中心以产教融合为核心，促进了苏州地区产业结构的升级和产业发展的科技化、国际化，对推动苏州成为一个集高端制造和科技创新于一体的城市发挥了重要作用。

2.3.4 提高人才培养质量

产教融合可以使教育更加贴近实际需求，更加注重对人才实践能力的培养，从而提高人才培养质量。产业界可以为教育界提供实践基地，让学生在实践中学习，掌握实际技能和能力。同时，教育界可以根据产业界的需求，调整课程设置，培养更符合市场需求的人才。这种方式可以让学生更好地适应社会和市场需求，提高人才培养质量。

案例分析9

广州机电职业技术学院致力于提高人才培养质量，采取了以下措施。

根据行业需求设置专业课程：开设与行业多种需求相对应的专业课程，如机械加工、电器维修等，注重实践教学，使学生更具实战能力。

强化实习环节：学校每年为学生安排实习机会，学生的实践操作能力得到极大提高。

培养职业素养：学校引入职业素养教育，培养学生的职业道德感和职业意识，使学生能够更好地融入行业。

建立就业服务平台：学校建立就业服务平台，提供招聘信息，帮助毕业生顺利就业。

以上措施取得了显著的效果，学生毕业后就业率达到90%以上，就业情况良好。同时，学校获得国家级毕业生就业工作先进单位、广东省高职人才培养优秀单位等殊荣。

案例表明，高职院校在提高人才培养质量方面，需要注重实践教学、强化实习环节、培养职业素养等方面的措施，以更好地满足相关行业的需求。

2.3.5 促进产业升级和转型

产教融合可以促进产业升级和转型。产业界可以向教育界提供最新的技术和知识，帮助教育界更好地培养人才，提高产业的技术水平和竞争力。同时，教育界可以向产业界提供最新的理论和知识，帮助产业界更好地适应市场需求，推动产业升级和转型。这种方式可以促进产业的发展和进步。

2.3.6 提高教育资源利用效率

产教融合可以提高教育资源利用效率。产业界可以为教育界提供实践基地和实践机会，让学生更好地学习和实践。同时，教育界可以为产业界提供人才和技术支持，帮助产业界更好地发展和壮大。因此，产教融合可以提高教育资源的利用效率，让教育资源更好地服务产业和社会。

案例分析10

某高职院校为一所新建院校，目前正处于快速发展阶段。虽然该高职院校拥有丰富的教学资源，但由于管理经验与教育技术等方面存在不足，教育资源的利用效率存在很大的提升空间。为了提高教育资源的利用效率，为学生提供更好的教育教学服务，该高职院校采取了以下措施。

教育设施的优化利用

通过对教学设施的实地调研和使用情况分析，发现有些教室、实验室、图书馆等教育设施并不是每天都能被充分利用。针对这种情况，该高职院校采取了一系列措施：

①对低利用率的教室和实验室进行时间、课程的调整安排，让其保持更高的利用率；

②在无人使用的教育设施上，设置定时机器人巡检，保证其安全可靠、完好；

③加强对教育设施设备的管理和维护，提高教育设施设备的使用

寿命，延长更新周期。

通过这些措施，该高职院校成功提高了教育设施的利用效率，为学生提供了更优质的学习、研究和娱乐环境。

教育资源的共享与整合

学生在学习过程中，需要不同类型教育资源的支持，如图书馆藏书、网络资源、学术期刊等。随着学校按照各个学科建设教学实验室，校方发现这些实验室间存在共用的需求。因此，该高职院校采取了以下措施：

①通过教育资源互动问答平台，实现各个实验室间教育信息的共享；

②针对某些实验室需要多个学科支持的情况，学校组建了多学科教育资源共享团队，方便学生使用。

教育教学管理机制的加强

为了更好地管理教育资源，该高职院校加强了教育教学管理机制，开展了以下措施：

①加强师资力量的培育、引进，通过创新课程设置、创新教学方法等方式强化教师的专业素养；建立科学、完善的教育教学评估体系，监测教育资源利用的效果。

②通过“一卡通”系统，实现教育资源借阅管理的数字化、智能化。

通过这些措施，该高职院校成功提高了教育资源的利用效率，为学生提供了更好的教育教学服务。

2.4　产教融合的内容和基本模式

在当前经济发展和教育改革的背景下，产教融合已成为推动经济转型、创新发展和人才培养的重要途径。

2.4.1　产教融合的内容

2.4.1.1　产业对教育的支持

产教融合对教育的支持是多方面的。产业可以为教育提供资金、设备、技术等方面的支持，以帮助教育机构提高教学质量和水平。

(1) 产业对教育的支持可以提升教育质量。

产教融合可以使教育机构更加贴近产业，了解产业的需求和发展趋势，从而更好地为学生提供实用性强的教育课程及培训方案。同时，企业可以提供实践机会和实习岗位，让学生在实践中学习，提升学生的实践能力和就业竞争力。这样，教育机构的教学质量和学生的综合素质都能得到提升。

(2) 产业对教育的支持有利于人才培养。

产教融合可以让企业更加了解学生的实际能力和潜力，发现和培养优秀的人才。企业可以通过提供奖学金、实习机会、就业岗位等方式，吸引和留住优秀的学生，从而有利于人才的培养和流动。

案例分析11

谷歌的人才培养计划

谷歌被认为是一个出色的人才培养案例，因为它在技术行业拥有较高的声誉和创新能力。自1999年创立以来，谷歌一直致力于培养一流的工程师和技术人才。谷歌提供各种培训和发展机会，旨在提高员工的知识技能水平和创新能力。

首先，谷歌的人才培养计划包括实习和毕业生计划。这些项目为大学生和毕业生提供了实践经验和专业指导，帮助他们在工业界实现自己的梦想。在实习期间，实习生将在谷歌的技术团队中工作，这为其未来的工作打下基础。

其次，谷歌提供了内部培训和发展机会。为了帮助员工提高自身技能，谷歌为员工提供了各种主题（如领导力、营销能力、管理能力）的培训和课程。谷歌员工可以通过内部培训计划获取新的技能、知识和能力，从而更好地迎接挑战。

最后，谷歌利用开放的文化鼓励员工为公司激发新的创新点。谷歌鼓励员工提出新的想法和“20%的时间”实验计划，让员工在工作时间内探索自己的创新想法。这样的鼓励方式可以让员工充分发挥自己的创造力和创新能力，从而提出更好的产品设计方案和解决方案。

谷歌的人才培养计划既注重理论和实践，又注重员工的自主性和创造力。这种方式激励员工为公司的成功贡献真正的价值，并且帮助公司在新时代的 IT 领域做好准备。

（3）产业对教育的支持可以推动产业发展。

产教融合可以让企业更好地了解市场需求和行业趋势，从而提高产品和服务的质量与竞争力。同时，企业可以通过与教育机构合作，推动技术创新和研发，提高自身的技术水平和创新能力，从而推动产业发展。

案例分析12

某电子制造企业与当地高校的合作

某电子制造企业与当地高校合作开设了电子制造专业，并且为该专业的学生提供实习机会。该企业还与当地高校联合研发了一种新型电子元器件，并让该新型电子元器件在双方的生产线上进行测试生产。这种合作不仅为当地高校的教学和科研提供了实践与应用的机会，也促进了该企业的技术创新和产业发展。

（4）产业对教育的支持有利于促进社会和谐、稳定发展。

产教融合可以让企业更加注重社会责任和社会效益，通过与教育机构合作，为社会培养更多的优秀人才。同时，可以为学生提供更多的就业机会和发展空间，进而促进社会和谐、稳定发展。

案例分析13

某高等院校与当地某制造业企业的合作

某高等院校与当地某制造业企业合作开设了多门课程，包括机械制造、计算机辅助设计和自动化控制等。该企业提供了实习和工作机会，使学生在校期间可以接触到实际的工作流程，并将课堂所学知识与实际工作相结合。该合作共有以下几个方面的好处。

培养了合格的员工

由于该企业与高校合作，学生在完成学业后有更多的工作机会，他们已经在企业获得了许多实际工作经验。这种培训还可以直接让新员工接触工作流程，节省时间和资源。

促进了社区的和谐

通过产教融合，企业与高校之间加强了联系，大大促进了当地社区的和谐。政府、教育机构和企业之间的紧密合作，为社区创造了更多的就业机会和更好的社会经济效益。

提高了企业的生产效率

企业可以将实习学员视为助手，帮助其完成任务，从而提高生产效率。学生还可以借此机会向在企业工作的专业人员学习新技能和工作方法，并为企业发展提供新的思路。

产教融合的优点在于，可以帮助教育机构为学生提供更好的实习和工作机会，提升学生的就业能力；可以帮助企业培养具备专业技能的人才，并为他们提供更好的就业机会；通过促进教育和行业的发展提高社会效益和经济效益。

该案例表明，产教融合是促进社会和谐、稳定发展的重要手段。

2.4.1.2 教育对产业的服务

随着经济的快速发展和产业结构的不断变化，产教融合已经成为当前教育领域的一个热门话题。在这种背景下，教育对产业的服务越来越受到重视。教育对产业的服务是指教育机构通过开展教育培训、科研合作等活动，为产业发展提供支持和服务。

（1）教育对产业的服务可以促进产业升级和创新发展。

教育机构可以通过与企业合作，开展与技术研发等相关的活动，帮助企业提升技术水平和创新能力，从而实现产业升级和发展。例如，某高校与一家制造企业合作，共同研发了一种新型材料，该材料具有优良的耐磨和耐高温性能，受到了市场的普遍认可，为企业带来了巨大的经济效益。

(2) 教育对产业的服务可以提高人才质量和企业竞争力。

教育机构可以通过开设专业课程、实习实训、校企合作等方式，培养符合企业需求的高素质人才，为企业提供有力的人才支持。同时，教育机构还可以通过为企业提供人才储备、人才评估等服务，帮助企业提高人才管理水平，提高企业竞争力。例如，某高校与一家互联网企业合作，共同开设了互联网营销专业，培养了一批精通互联网营销技能的人才，为企业拓展市场和品牌推广提供了有力的支持。

(3) 教育对产业的服务可以促进教育和产业的双向交流与合作。

教育机构可以通过与企业合作，了解企业的需求和发展趋势，及时调整教育内容和培养模式，以提高教育的实用性和适应性。同时，教育机构还可以通过与企业合作开展科研、技术转移等活动，将科研成果转化为实际应用，推动产业发展。例如，某高校与一家能源企业合作，共同研发了一种新型太阳能电池板，该电池板具有转换能力强和使用寿命长等特点，为太阳能产业的发展作出了重要贡献。

教育对产业的服务是教育与产业融合的重要体现，具有重要的推动作用。教育机构应积极与企业合作，开展教育培训、科研合作等活动，为产业发展提供有力的支持。同时，政府应加大对教育与产业融合的支持和引导力度，推动教育和产业深度融合，为经济发展和社会进步作出更大的贡献。

2.4.1.3 产业和教育的合作

产业和教育可以在科学研究、技术创新、产品开发等方面开展合作，实现资源共享、互利共赢。产业和教育可以通过以下几种方式进行合作。

(1) 产业界提供实践机会。

产业界与学术界之间密切的合作关系可以为学生提供丰富的实践机会，有利于学生综合能力和专业知识水平的提高，并且有助于学生更好地适应和融入未来的工作环境。本部分将探讨产业界在为学生提供实践机会方面扮演的重要角色以及此举对学生的重要性。

首先，产业界拥有资源丰富的企业与机构，可以为学生提供大量的实践机会和支持。针对不同的专业和领域，产业界可以提供相关实践项目、实习、科研等课外活动。通过这些活动，学生不仅可以深入接触市场和行业，学习到实践经验和专业技能，而且可以在实践中加深对理论知识的理解。

其次，通过与产业界的合作可以提高学生的就业竞争力。产业界与学术界的合作不仅在于提供实践机会，还涉及校企联合培养、科研合作等多个方面。在这些领域的合作中，学生需要投入更多的精力，以实现自身专业知识水平的提高和全面发展。在激烈的就业市场竞争中，拥有更丰富的实践经验将对学生提高就业竞争力产生积极影响。

最后，通过与产业界的合作可以实现产学研三方互利共赢。学术界通过与产业界的合作可以更好地了解市场需求和行业发展趋势，以便在教学和科研方面更好地向学生传授知识与技能。而产业界通过与学校的合作挖掘人才，产出研究成果，提高企业的技术和管理水平。因此，产业界与学校的合作除了为学生提供实践机会，还可以促进产学研三方的互利共赢，进而助推社会的发展进步。

产业界为教育领域提供实践机会是一项重要且必要的工作。产业界可以通过多种方式为学生提供实践机会，进而提高学生的就业竞争力和综合素质。同时，学校与企业的合作也是产学研三方互利共赢的关键因素之一。因此，在未来的教育发展中，产业界与学校的合作将会更加密切。

（2）教育机构提供人才培训。

教育机构可以根据产业的需求，为其提供相关的人才培训。这样可以帮助产业界培养更多符合需求的人才，提高其核心竞争力。

首先，教育机构可以为人才提供各种不同形式的培训和教育课程，从而提高他们的专业知识和技能水平。例如，教育机构可以提供与当前技术和行业相关的技能培训，以满足用人单位对高素质人才的需求。此外，教育机构也可以为人才提供学位教育，以培养其在专业领域的能力。

其次，教育机构可以帮助人才做职业规划，促进其职业发展。在教育机构，学生可以接触到各种不同的学科和行业领域，通过学习和了解，明晰自己的兴趣和天赋，选择适合自己的职业方向和就业道路。此外，教育机构还可以为学生提供职业咨询和就业指导，帮助学生更好地了解职业市场和准备就业。

最后，教育机构可以培养人才的社会责任感和拓宽其国际视野。通过教育机构的教育，人才可以了解到社会赋予其的责任，从而更好地担负社会责任。此外，教育机构还可以开展国际交流学习活动，帮助人才了解不同的文化和社会体制，培养其国际视野和跨文化的沟通能力。

教育机构在人才培养中扮演着至关重要的角色。教育机构通过提供不同的培训和教育课程、帮助人才做好职业生涯规划等方式培养人才的社会责任感、拓宽人才的国际视野，进而促进人才的发展。因此，教育机构应该积极发挥作用，努力为人才的培养和发展作出更大的贡献。

（3）共同开展研究项目。

产业和教育可以共同开展研究项目，探索新的技术和应用。通过合作，不仅可以加速技术的研发和应用，提升产业的创新能力，还有助于实现产业升级和转型。大量的研究项目往往需要相当规模的投资和人力资本投入，一般单个企业的资源是很难满足的。通过与学术领域合作，可以均摊研究费用和人力成本，使研究成果产出更高效。同时，共同的研究项目也可以推动产业转型和升级，提高行业的创新力和竞争力。

案例分析14

浙江大学与阿里集团合作的云计算研究项目

浙江大学与阿里集团合作进行云计算技术研究项目。该项目旨在探究云计算技术在大数据分析和人工智能领域的应用。研究团队由浙江大学的计算机科学专家和阿里集团的工程师组成，共同制定研究方向和操作流程，并进行案例分析和实验研究。该项目的研究成果被应用于阿里云平台和数据中心，为企业管理和信息化升级提供有力支持。同时，该项目成为产教融合的典范案例，被各大高校和企业积极借鉴和推广。

（4）产业界提供资金支持。

产业界提供资金支持对教育机构的科研和教学有着极大的意义。教育机构是培养人才的重要基地，而科研和教学活动则是教育机构提高教学质量和培养人才的关键手段。然而，面对有限的经费，教育机构想要进行更多的科研和教学活动并不容易。因此，产业界的资金支持是一种很好的解决方法。

首先，产业界的资金支持可以帮助教育机构更好地开展科研活动。教育机构开展科研活动需要大量资金购买实验设备、专业书籍等，而科研活动则是一项资金投入较多的活动。如果教育机构在科研活动上没有足够的经费，那么该教育机构科研人员的科研能力将会受到影响，难以产出科研成果。而产业界能够为教育机构提供资金支持，让其从经费的压力中解放出来，发挥科研人员的创造力，提高科研人员的科研能力，从而使科研人员为产业的创新和发展作出贡献。

其次，产业界的资金支持也是帮助教育机构提高教学水平的重要途径。教育机构的教师团队是其教学水平的核心所在。然而，在当前的教育环境下，各类教师培训、国际学术交流等都需要投入大量资金。如果教育机构没有足够的经费支持，那么其教师团队的发展将会受到限制。教育机构得益于产业界的资金支持，可以开展更广泛、更深入的教师培训和学术交流活动，通过多层面、全方位的教学提高教师的教育教学水平和质量。这不仅能提高学生的综合素质和创新能力，也能更好地培养符合时代要求的人才。

最后，通过产业界的资金支持，教育机构能更好地满足产业的需求。随着产业的不断发展，对人才的需求也在不断提高。教育机构需要根据产业的需求调整教学内容、教学形式、培养人才的具体要求和途径。教育机构得益于产业界的资金支持，不仅可以在教学方面紧密结合产业的需求，在人才培养上更加具有针对性，而且可以在研发方面紧密结合产业的创新需求，为产业发展提供有力的技术支持。

产业界提供资金支持对教育机构的科研和教学有着重要意义，不仅可以提高教育机构的教学水平和科研能力，为产业提供更多高素质的人才，也可以更好地满足产业需求，促进产业创新和发展。

案例分析15

阿里巴巴致力于促进数字经济发展，支持产教深度融合，于 2019 年推出了“阿里科创计划”，旨在资助高校和创新型企业，帮助创新团队实现科技成果产业化。阿里巴巴为此计划提供了 10 亿元的科技创新赞助金，扶持符合条件的科技成果转化为商业项目。

案例分析16

华为作为中国领先的科技企业，一直深度参与产教融合，并积极为高校师生提供各种形式的支持，资金支持也是其中不可忽视的一部分。华为的“创新研究计划”是为高等院校和科研机构提供的资金支持计划，旨在提高华为与高等院校和科研机构合作伙伴的交流、合作和创新能力。

总之，产业界提供资金支持是加强产教深度融合的重要途径，未来随着学校与企业互动的增多，将会有更多企业加入进来，为高校师生提供更多的资金支持。

2.4.2　产教融合的基本模式

2.4.2.1　产学研合作模式

由产业、学校和科研机构共同组成的合作模式，通过共同研发、技术转移、人才培养等方面的合作，实现产业和教育的融合。

这种产学研合作模式对于企业和学校来说，有着极为重要的意义。对于企业来说，产学研合作模式可以加大企业的出口力度、降低成本和提升生产效率等，从而增强企业的竞争力和实力。对于学校来说，产学研合作模式可以提高学校的科研水平和人才培养能力，通过培养优秀人才，提高学校的影响力。

在产学研合作模式中，企业是最主要的实践者和受益者。通过与学校和科研机构合作，企业可以减少试错成本，快速完成技术研发和产品改良，提高核心竞争力。与此同时，企业还可以从学校和科研机构获取资源，拓宽自己的视野，获取有价值的技术和知识。

学校和科研机构是产学研合作模式的重要组成部分。学校和科研机构可以通过与企业合作，从企业获取实战经验和资源，加快科研成果的转化，提高科研成果的实用性。同时，学校和科研机构还可以通过合作，培养优秀人才，为企业发展提供有力的支持和人力保障。

在产学研合作模式中，政府也发挥了重要作用。政府可以制定政策，引导企业、学校和科研机构之间的合作，从而提高整个国家的产业化水平和科技水平。政府也可以为产学研合作提供必要的资金和物质支持，推动各方深入合作。

案例分析17

T5 光纤公司和东京大学

T5 光纤公司和东京大学合作，开发了一种新型光纤传输技术，其传输速度是传统光纤传输速度的10倍，可用于高速互联网和其他高速传输领域。东京大学的研究人员提供了技术和研究资源，T5 光纤公司则提供了商业化和市场推广方面的支持。

爱立信和斯德哥尔摩大学

爱立信公司与斯德哥尔摩大学合作，探索机器学习和人工智能领域的新技术。爱立信的工程师和研究人员与斯德哥尔摩大学的计算机科学家和专家合作，共同研究新技术的开发和实施。

丰田和麻省理工学院

丰田与麻省理工学院合作，开发太阳能汽车，这些汽车改变了传统的充电模式，使用太阳能电池板进行充电。丰田的工程师和研究人员与麻省理工学院的科学家和工程师合作，共同研究开发符合市场需求的太阳能汽车技术。

以上案例表明，产学研合作模式可以促进技术创新和经济增长，并为双方提供丰厚的回报。

2.4.2.2 产业导向型教育模式

产业导向型教育模式，是指高等教育机构依据当地产业发展需求，把教学、科研和服务紧密结合，培养适应未来产业发展的高素质应用型和领军人才的一种新型教育模式。为了实现此目标，高校需要与产业界建立密切的联系，深入了解当地产业发展现状和趋势，确定产业导向型人才培养方向，开发具有实践性、应用性和创新性的课程体系与教学方法，在培养学生的过程中，强化实践教学与科研创新能力的培养，提高学生的综合素质和实际应用能力，为产业发展提供有力的人才支持。

产业导向型教育模式的核心目标是以产业需求为导向，搭建产学研合作平台。为了实现这一目标，高校需要与当地企业、行业、政府部门建立紧密的联系。同时，组建由高校师生组成的实验室和科研团队，与企业共同开展研究，深度探究产业发展的新需求、新趋势、新技术和新模式，根据产业发展需求灵活制定课程目标和培养方案，与市场紧密接轨，为企业和行业培养具有专业技能、创新精神和应变能力的高素质人才。

在产业导向型教育模式中，教师的角色发生了变化，不再是纯粹的知识传授者，而是学生的引路人、指导者和共同探讨产业发展趋势的专家型人物，用自己的实际经验和社会资源为学生提供广阔的知识视野和开阔的人才渠道。同时，高校要加强师资力量建设，招聘高水平人才和行业经验丰富的专家教授，以提高教师的教学水平和实践能力，培养具有产业背景和实践经验的“高级工匠”型教师。

产业导向型教育模式培养的学生具有很强的实践应用能力、团队协作能力和创新精神，他们在校期间已经接触了产业发展的最前沿，对产业发展的新技术和新模式有着深入的了解与掌握，能够为企业和行业的发展带来新的思路与创新。因此，他们备受企业和行业青睐，就业率和就业质量大大提高。

案例分析18

国内某高等院校的产业导向型教育模式

国内某高等院校自2009年开始实施产教融合教育模式，并成功引进了一批企业合作单位，形成了一套完整的产教融合教学体系。该教学体系以企业为主导，确定了学生培养的岗位需求和职业技能要求，并将其融入教学方案。在教学中，教师直接参与企业的生产活动，开展手机维修、数控加工等实训课程，让学生直接参与现实生产活动，并在企业内参与到项目的研发和测试中。此外，该院校还成立了行业人才培养中心和企业实际需求培训中心，为企业培养了一大批本土人才，并得到了企业的认可。

该院校采取的产业导向型教育模式使企业和高校之间的沟通更加紧密，企业对人才的需求得到了满足，学生毕业后就业率明显提高，实现了个人在职场中的快速成长。

产业导向型教育模式是未来教育的发展方向之一，可以更好地满足企业和社会对人才的需求，同时也为学生提供了更加贴近实际职场的教育和实践经验。

2.4.2.3 企业定制化培训模式

定制化培训模式，是指企业为了满足自身的具体需求，对培训内容、培训形式等进行全方位个性化设计和定制的一种培训方式。在实践中，定制化培训模式可以通过以下方面实现。

（1）需求调研。

在企业开展定制化培训模式前，必须开展全方位的需求调研，以了解员工的实际工作情况、技能瓶颈、岗位需求等，确定企业的培训需求和目标。一方面，调研可以确保培训计划与员工的实际需求相符，提高员工的工作绩效，增强他们的职业发展潜力，从而促进企业发展。另一方面，调研有助于提高企业未来的竞争力，因为不断为员工提供定制化的培训，有助于企业增强自身的专业能力和创新力，提高市场竞争力。

在实施需求调研时，企业需要采用多种方法了解员工的实际需求，如口头调查、问卷调查、面对面的座谈会等。通过这些方法，企业能够进一步了解员工的需求和关注点，更好地了解员工面临的问题和挑战，为制订实用的培训计划提供有力支持。

除了了解员工的工作情况和需求，企业还应该根据员工的专业能力和教育背景等因素，结合企业自身的业务情况和市场需求等因素，形成有针对性的课程设置。同时，在制订培训计划时，企业应充分考虑员工的学习能力、学习意愿、培训时间和培训资金等因素，以确保培训计划的实施效果。

（2）整合培训资源。

在定制化培训计划中，企业需要充分整合培训资源，包括培训师资源、培训场地、培训设备等，确保培训计划顺利进行。

在实施定制化培训计划时，企业需要认真分析员工的实际需求和培训目标，并根据实际情况确定所需的培训资源。在整合培训资源时，企业应根据不同类型的培训设计特定的培训模式和方式，以提高培训的效果和质量。例如，在技能培训方面，可以采用模拟实战、辅导讲解等方式，激发员工的学习热情和主动学习的能力。在管理和领导力方面的培训，则可以采用案例分析、互动讨论等方式促进员工自我管理能力和领导能力不断提高。通过个性化的培训方式和模式，企业可以更好地满足员工的实际需求，激发员工的学习热情，增强培训效果和提高培训质量。此外，企业还可以加强对外部培训机构和专业培训师的选择和管理，确保培训资源的专业性和有效性。

（3）培训内容定制。

定制化培训模式的成功就在于对培训内容深度和广度的把握。企业可以针对员工的特定工作任务，制订有针对性的培训计划和培训内容，以提高员工的实际工作能力。此外，企业还可以将培训内容融入实际的工作场景中，以便让员工更好地掌握实践技能。

在定制化培训模式中，企业应该注重实用性和针对性，制订具体的培训计划和内容，满足员工的实际需求和工作要求。企业可以从分析员工的岗位职责、工作任务和业务流程等方面确定培训内容的深度和广度，以便提供实用性强、针对性强的培训内容。此外，在培训内容的设计上，企业需要注重培训的实践性和可行性，将培训内容与具体的工作场景相结合，让员工通过实践操作掌握实际技能和经验。通过将培训内容融入实际工作场景，企业可以更好地测试和评估员工的学习效果和实际运用能力，使员工在实践中不断提高自己的技能和经验。这样的定制化培训模式能够有效提升企业员工的实际能力水平，促进企业的发展和创新。

（4）灵活多样的培训方式。

定制化培训模式需要使用各种适应企业实际情况的培训方式，如线下面授、在线培训等。这样能够为员工提供灵活多样的技能提升方式，以减轻员工的压力，保障员工的学习效果。

为了确保定制化培训计划成功实施，企业需要选择和使用切合实际的培训方式，以便让员工在接受训练的过程中更加轻松和舒适，更好地理解和掌握培训内容，增强培训效果。例如，常见的线下培训和在线培训方式，线下培训方式可以让员工在同一地点参加培训，这有利于员工之间的互动合作，营造良好的学习氛围，增强学习效果；在线培训方式可以让员工在不受时间和地域限制的情况下，自主选择学习进度和时间，使学习方式更加灵活、高效。此外，还可以采用异地培训方式，将员工分别派往不同的地点进行培训，以便员工在实际工作环境中掌握更全面和实用的技能与经验。总之，企业可以根据实际情况选择一种或组合多种培训方式，灵活地为员工提供多样化的学习方式，不断提高员工的学习积极性和学习效果，进而促进企业稳步发展。

（5）迭代更新。

任何一项计划都需要不断迭代更新，以适应不断变化的市场环境和业务需求，定制化培训计划也不例外。在企业实施培训计划的过程中，随时注意收集员工的反馈和意见，对培训计划进行调整和完善，以便更好地适应员工的需求和公司的业务发展。例如，可以开展定期的评估和检查机制，对已经实施的培训方案进行实践效果和员工满意度考察，及时发现问题并解决问题，改进培训方案。此外，还可以对员工的实际表现和成果进行评估和反馈，并对培训计划进行相应的调整和优化。通过不断迭代更新，企业能够确保定制化培训计划的长期有效性和适应性，不断提升员工的技能和素质，推动企业持续创新和发展。

案例分析19

某大型酒店集团经过市场调研和客户反馈发现，客户对酒店员工的服务态度、沟通技巧、解决问题等方面能力要求比较高，而酒店自身的实际情况与客户需求存在一定的差距，因此，该酒店集团决定通过培训提高员工综合素质和服务水平。

于是，该酒店集团选择与培训机构合作，定制了一套服务培训方案。该培训方案主要包括以下几部分。

第一部分，服务态度培训。

由培训师分享行业内部和成功酒店的案例，帮助员工了解什么是优质服务和客户体验；同时，针对员工经常面对的问题，进行现场模拟演练。

第二部分，沟通技巧培训。

通过角色扮演的形式，让员工了解有效沟通的技巧和方法，并教授这些技巧和方法如何在不同的情境下运用。

第三部分，解决问题能力培训。

重点培训员工如何快速、准确地分析顾客问题；同时，了解不同问题的解决方法和技巧，帮助员工更好地解决客户的问题，提高客户满意度。

定制化培训方案对该酒店集团员工的综合素质和服务水平提高起到了积极作用。经过一段时间的实施，该酒店集团得到了客户的好评和认可，提升了自身的品牌价值。

2.4.2.4 产业导向型科研模式

产业导向型科研模式是指科研与产业融合，逐步实现科技成果转化为生产力的过程。在这种模式下，科学家和企业之间进行了紧密的合作，以实现将基础科学研究成果转化为产品和服务。

产业导向型科研模式的主要特点是：要求科学家与企业之间密切合作，注重实际应用；着重培养员工的创新力和技术决策力，推动科技创新不断发展；通过技术分享与知识共享，实现科研成果的转化和推广；产学研合作，促进科研成果的转化；充分体现市场需求，强化产业链的完整性和发展性。

产业导向型科研模式的优点是：可以将科学研究成果变成实际应用，为产业的发展提供更好的支持，推动社会进步；实现了企业和科学家之间的紧密合作，促进了共同发展；通过产学研结合，既能满足市场需求，又能推动技术创新；鼓励企业积极参与科学研究，加快科技成果的转化和推广。

在实际操作中，产业导向型科研模式需要解决以下问题：如何平衡科学研究和实际应用之间的关系；如何在科学研究中保持独立性和创新性，确保研究成果的质量和可靠性；如何推动产学研三方的密切合作，形成有效的校企合作模式；如何在市场需求与科学挑战之间找到平衡点。

产业导向型科研模式是一种将科技与产业融合的创新模式，它将科学家和企业汇集在一起，促进了技术创新和产业升级，推动了社会进步。

案例分析20

中国科学院合肥物质科学研究院和
宁波新松机器人自动化有限公司的合作

中国科学院合肥物质科学研究院在研究中发现一种新型的纳米级涂层技术，该技术能够在工业化生产中大大提高机器人伺服电机的性能。该研究院与宁波新松机器人自动化有限公司合作，将这项技术投入实际生产，成功研制出一批性能更好的机器人。这一成果不仅增强了企业的市场竞争力，也促进了科学技术的应用。

美国麻省理工学院的产业导向型研究

麻省理工学院一直以基础研究而闻名。近年来，该学校开始加强与产业之间的联系。例如，联合云计算领域的企业，进行深度合作，同时聚焦研究与企业实践有关的课题。这种产业导向型研究模式促进了校企合作，推动了技术的产业化和创新。

日本电气公司的开放式创新研究模式

日本电气公司采用开放式创新研究模式，与客户、供应商以及其他技术研究机构合作，共同探索新的技术创新。例如，该公司与三菱化学公司合作，开发出一种新型的有机薄膜太阳能电池，大大降低了太阳能电池的生产成本，该成果在日本电气公司内部被称为“开放式创新”。开放式创新研究模式有效推动了公司的技术进步和产品创新。

产业导向型科研模式能够更好地满足产业需求，并加快科学技术推广的进度。这种模式在各个国家和企业的实践中得到了广泛应用。

2.4.2.5　产业学院模式

产业学院模式是一种培养和教育人才的模式，通过将学科知识与产业需求相结合，为学生提供与企业实践紧密结合的教学、培训和实习，以满足企业对优秀人才的需求。产业学院模式针对企业或行业需求设计的人才培养方案具有多元素、技能性强、实践性强等特点，能够有效提高学生就业竞争力和帮助企业发展。其具有以下优势。

（1）紧密结合产业需求。

将学生培养与企业需求紧密结合是当前产业学院模式的重要特征之一。产业学院模式是一种以企业为主体，以培养实践型人才为目标的教育模式。通过与企业的紧密合作，产业学院不仅能更准确地了解企业的实际需求，还能将企业的技能、经验和创造力融入教学和研究。

产业学院模式的实施，能够使学生接触到实际工作中的问题和挑战，了解更切合实际的市场需求和迅速变化的产业环境。产业学院提供的教科书以外的实践经验和工作机会，可以帮助学生进行职业规划和提高学生的实际工作能力。这种实践型的人才培养模式，可以有效提高学生解决实际问题的能力，培养其创新能力和团队协作精神。

同时，产业学院模式还可以增强企业对人才的吸纳力和留存力。作为产业新兴领域的实践型人才培养基地，产业学院与企业的紧密合作，可以让企业充分了解学生的实际潜能和实际能力，提前了解优秀学生的需求和意愿，以更好、更高效地进行人才招聘和培养。同时，产业学院模式还可以为优秀学生提供更多的实践机会和更大的职业发展空间，以增强他们对企业的归属感和责任感，提高对企业的留存度和忠诚度，为企业的人才储备和培养提供稳定的保障。

产业学院模式是一种创新型、实践型的人才培养模式。它充分利用企业和教育机构的资源优势，将学生培养与企业需求紧密结合，为企业提供更加符合实际需求的人才，为社会经济的发展作出更大的贡献。

（2）培养学生多元技能。

产业学院模式作为一种注重实践、多元化和技能强化的人才培养模式，帮助学生拥有更加多元化的技能，具备更广泛的就业竞争力。学生在产业学院中可以接受各类实践教育，如实习、项目研究、企业合作等，这有助于提高学生的实践能力及综合应用能力。

另外，产业学院模式也注重课程的多元化和技能性，从而培养学生的各类技能素质。学生可以有更广泛的课程选项，可以选修与本专业相关的课程，也可以选修其他相关领域的课程，丰富知识结构。与此同时，产业学院模式强化技能培养，开设实践课程、技能训练课程等，让学生在实践中掌握各类技能。

产业学院模式培养的学生掌握多元化技能，能更好地适应职场需求，具备竞争力。学生在实践中不断磨炼技能、增长经验，更好地了解各自领域和行业的新进展，紧扣时代脉搏，投身到新的行业中。这种多元化技能的培养方式，为满足企业的人才需求提供了保障，也使人才更有可能获得就业和职业发展机会。

产业学院模式下多元化、实践性和技能性强的人才培养方式对提高学生就业竞争力起到了积极作用。这种人才培养方式更加适应当前职场的发展趋势，也更加切合学生实践性、创新性的需要，对于培养更多优秀人才、满足产业发展和经济社会的发展需求具有重要意义。

（3）导师和企业资源支持。

在产业学院模式中，与企业建立紧密的合作关系是非常重要的一环，这也是其成功的关键因素之一。为了更好地实现产教融合，产业学院模式通常会邀请企业技术骨干和行业专家担任学生导师，以帮助学生更好地了解企业需求和行业发展。这更像是学生与企业密切互动的过程，学生可以在导师的帮助下更好地融入企业文化，并更好地了解和适应行业发展趋势。

另外，作为产业学院的合作伙伴，企业通常会向学生提供各种优质资源和培训机会，以帮助学生更好地了解企业需求和行业发展趋势。企业资源主要包括库存管理、市场数据和新产品开发等，既可以帮助学生更好地了解企业运营和发展的实践问题，也能让学生更加全面地了解所学知识的实际应用场景。

产业学院模式下，企业资源的支持对学生的成长和职业发展非常有益。首先，企业资源提供了跳出教材的学习机会，将学生与实际市场沟通的机会拓展至无限个。通过这种方式，学生能够了解到市场的实际需求，在更广泛的范围内获取关于行业发展的最新动态，并积累更广泛的实践经验。其次，企业资源能够激发学生的创新思维，鼓励学生更加独立和创新地解决实际问题，提高学生的动手能力和实践能力。

产业学院模式下，学生和企业之间的互动进一步推动了产教融合的深入发展。通过学生与企业导师的紧密联系和企业资源的支持，产业学院模式不仅构建了高质量的教育资源网络，重视实践性教学，也有助于推进行业发展和经济社会的进步。

（4）教学与实践相结合。

产业学院模式的成功离不开教学与实践相结合的教育体系，在教学的同时加强实践教育，让学生通过实践探索和学习，获得更多实际应用的技能和经验。因为对于理论教育来说，实践教育更能满足企业对人才的需求，所以产业学院模式突出实践教学和产业实践，可以让学生在理论与实践中更快地掌握实践技能并进一步走进产业。

产业学院模式不仅注重理论教学，而且注重实践技能教学，尤其是产业实践。在产业学院模式中，学生可以通过实践教育和产业实践探讨实际问题，深入了解当今产业的发展需求和趋势。在学习过程中，学生将使用所学知识解决实际问题。同时，学生也会接触到各种企业实践，并了解如何将所学知识应用于实际情况，从而在未来进入职场之前获得更多的实践经验。

此外，在产业学院模式中，课堂教学与企业实践相结合，使学生能够更好地掌握实践技能，将所学知识与实际应用相结合。通过产业实践，学生不仅能加深对理论知识的理解，还能更好地把知识应用于实践中，具备更强的实践技能和经验，更好地融入职场。这种教学和实践相结合的教育体系也提高了学生的竞争力，让企业更加重视从产业学院模式中培养出来的优秀人才，并增加学生在职场发展的机会。

因此，产业学院模式注重实践教育以及产业实践，能使学生更好地了解企业市场和职场需求。这种教育体系为学生进入职场提供了更多实践机会，让学生更快速地掌握实践技能，更好地把理论知识转化为实际能力，进而助力其职业发展和产业企业的发展。

案例分析21

北京市经济和信息化委员会与清华大学管理学院合作成立产业学院

北京市经济和信息化委员会与清华大学管理学院合作成立产业学院，该产业学院以企业家和公司高管为教育对象，为其提供经济、管理、科技和行业规划等方面的培训。清华大学管理学院为该产业学院提供高品质的教育培训资源，帮助学员深入了解产业内部的技术、市场和竞争环境，提高其决策能力。

中国移动和北京邮电大学共建产业学院

中国移动和北京邮电大学联手成立了产业学院，为移动通信行业打造高水平的人才培养平台。该产业学院不但针对行业实际需求组织教学，还利用北京邮电大学的资源开展合作研发和成果转化等活动。该产业学院通过将产业需求和学术研究相结合，实现了高度的产学研一体化。

上海海事大学和上海市交通委员会合作成立产业学院

上海海事大学和上海市交通委员会合作成立了产业学院，旨在培养关键技术人才和管理人才，为上海市的交通产业提供人才支持。该产业学院针对行业发展设计出独具特色的课程体系，并积极开展校企合作项目和研究项目，最终产生了大量的科技成果。

产业学院模式在各个领域均得到了广泛应用。这种模式通过将高等教育与实际产业需要结合起来，并引入先进的产业需求教育理念和方法，显著提高了毕业生的实践能力和企业就业率，也更好地满足了企业对人才、技术和创新等方面的需求。

2.4.3　产教融合的意义

2.4.3.1　为产业创新和发展提供人才支持

产教融合有助于提升教育的实用性和就业性，使教育更紧密地围绕产业需要，使学生更加适应市场的变化和未来发展。

产教融合作为当前高职教育的发展热点之一，不仅有助于提升高职教育的实用性和就业性，也为产业创新和发展提供了人才支持。随着产业结构调整和技术进步，企业对高素质、高技能和高适应性的人才需求日益增加。因此，教育机构应该积极推进产教融合，紧密围绕产业需求，通过教育培训为产业发展提供人才支持。

通过产教融合，教育与产业之间的紧密联系不仅有利于高职教育对市场变化的快速反应，也有利于教育更好地满足产业发展的需求，为企业提供更加符合市场需求的人才资源。多样化、实践性和创新性的课程设置，可以让学生更好地积累企业需要的实际技能和实践经验，提高其就业竞争力和创新能力，使其更容易适应市场的变化和未来的发展。

产教融合还可以促进教育和产业之间的双向交流，推动产业的创新和发展。教育机构可以通过开展实践教学、科技创新等项目合作，与企业共同推进产业研发，实现行业对高素质人才培养需求和产业创新发展需求的互动双赢。

因此，产教融合是高职教育发展不容忽视的一个方面。通过紧密联系产业，提高教育的实用性和就业性，教育机构能够为产业发展提供更多的人才支持，共同推进产业的创新和发展，促进社会经济的可持续发展。

2.4.3.2 提高教育质量和效益

产教融合可以促进知识、技能、经验的交流，也可以使教育和培训更加贴近产业需求，为企业培养实用型人才。

产教融合是促进高职教育高质量发展的重要手段之一。通过产教融合，教育和产业之间的紧密联系可以为教研人员和学生提供更多的知识、技能和经验交流机会，实现产学研的有机融合，更好地满足企业和社会对高素质、高技能人才的需求，提高教育质量和效益。

首先，产教融合可以使教育和培训更加贴近产业需求。通过联合企业开展与实践相关的合作，教育机构能够更好地了解企业发展的需求和趋势，并结合人才培养需求调整课程设置，提升教育教学的实用性。教育机构能为企业提供符合市场需求和实际需要的人才资源，同时帮助学生更加充分地把握市场趋势，更好地把握就业机会。

其次，产教融合可以促进企业和高校之间的合作和创新。产教融合不仅有助于提高教育质量和效益，也有益于企业创新和发展。通过与企业开展技术创新合作、实践教学项目等，教育机构能为企业合理利用产业链条、开发市场前沿需求提供技术支持。同时，让学生在实践项目中充分感受产业发展的实际情况和实践经验，提高其实践能力和技能水平。在此过程中，企业对学生的实际创新能力有了更深入的了解，能够更精准地为社会培养实用型且创新能力强的人才。

产教融合是高职教育高质量发展的一个重要方面。产教融合有助于促进知识、技能、经验交流，能更好地满足企业和社会对高素质、高技能人才的需求，同时提高教育质量和效益，为企业和学生提供更好的服务和支持。

2.4.3.3　增强企业社会责任意识

随着企业越来越重视社会责任，产教融合可以为企业和教育机构之间的交流提供更多的机会，促进知识、技能、经验的交流，进一步增强企业社会责任意识。教育机构通过与企业的合作实践，让企业更深入地了解社会责任的重要性和使命感，促使企业将社会责任融入人才培养，让学生在实践中了解企业社会责任的履行方式和标准，以增强学生的社会责任意识。在此过程中，企业不仅可以发掘和培养符合企业要求的人才，还可以提升企业的社会形象和品牌价值，对企业的长远发展和社会的可持续发展起到重要作用。

产教融合使企业和教育机构之间的联系更加紧密，使企业在培养和发现人才的同时更加注重社会责任。当企业和教育机构之间进行紧密的合作与交流时，企业能更加全面地了解教育机构的人才培养情况和培养方法，有效地为教育机构和学生提供相关支持，并携手推进社会进步和发展。相对地，教育机构也能更好地了解企业的人才需求和社会责任，并据此进行高素质、精准化的人才培养，为企业提供更加符合要求的人才资源，为社会发展作出更大的贡献。

2.4.3.4　促进产业的协同发展

产教融合不仅有助于企业和教育机构双赢，也能为各行各业的人才培养提供更加优质的支持和服务，为社会经济的发展作出积极贡献。

产教融合不仅促进了企业和教育机构之间的紧密联系，也有助于促进产业的协同发展。产教融合让企业与产业链上下游更紧密地联系起来，形成产业集群，共同研发、联合营销、共享资源等，加速产业集群的发展和升级，提高整个产业链的效率和竞争力。教育机构则可以通过与企业的合作，推进相关学科领域的培训和研修，并利用前沿技术、资源、实践案例等进行教学和研究，使学生更直接地接触到最新的行业动态和实际需求，提高其专业能力和实践技能，切实满足企业和社会对高素质人才的需要。

产教融合的发展对社会经济的发展也起到积极的推动作用。当企业和教育机构之间的协作得到更充分的体现后，人才培养的质量和数量将大幅提高，进而为整个社会经济的发展提供充足的人才资源。同时，产教融合的过程还能加速企业产业升级和发展，形成企业、政府、教育和社会机构共同参与的合作模式，提高整个产业链的创新性和竞争力，进一步促进企业经济转型和升级。

随着信息技术的不断发展和应用，产教融合也将越来越深入和广泛地开展。教育机构可以充分利用信息技术手段，搭建产教融合平台，促进教育机构和企业之间更加便捷高效地合作，为各行各业的人才培养提供更加优质的支持和服务。同时，也可以促进不同行业之间的交流和合作，打造更多的人才创新和发展机会。

本章小结

我们通过对研究问题的深入分析和探索，结合大量文献阅读，对研究的问题进行了全面的分析和解释。本章就教育和产业的关系、产教融合的教育理论基础、产教融合的功能与作用、产教融合的内容和基本模式展开论述。

第一，我们需要了解教育和产业的关系。教育是人才培养的重要途径，而产业是经济发展的基础。一方面，教育和产业既是相互促进的关系，也是相互影响的关系，二者是密不可分的。教育为产业提供了人才和技术支持，产业则为教育提供了实践基础和市场需求。另一方面，教育是生产力的重要因素之一，它不仅传授知识和技能、培养人才，还涉及整个社会经济发展的长远利益。产业则是教育最终的服务对象和落脚点，是教育成果的实践场所和应用领域。

第二，产教融合的理论基础涉及多个方面。首先，产教融合符合以人为本、全面发展的教育理念，强调教育要紧贴社会需求和经济发展需求，使学生能够掌握适应社会现状和未来趋势的知识与技能。其次，产教融合具有双赢的特点，既能促进学校和企业共同发展，也能为社会提供优质的人才和先进的技术。最后，产教融合强调教育的实践性，培养学生具有高水平的实践能力和创新精神，使其能够在实际工作中运用所学知识和技能，为企业和社会作出贡献。

第三，产教融合的功能与作用涵盖多个方面。首先，产教融合能够提高学生的实践技能和就业竞争力。学生能够在企业中接受专业岗位的培训，掌握实际操作技能，从而更快地适应工作环境。其次，产教融合能促进学校和企业共同发展。企业提供技术支持和实践场所，学校提供理论知识和人才支持，双方可以共同研发和应用新技术，提高企业的竞争力和影响力。最后，产教融合能为社会提供优质人才和先进技术。通过产教融合，学生能够获得更高水平的工作技能，企业能够招聘到更优秀的毕业生，社会可以享受到更好的科技服务和成果。

第四，产教融合的内容和基本模式多样。在内容上，产教融合主要包括企业参与课程设计、实验室建设、实习实训和毕业设计等多个环节。在基本模式上，产教融合可以采取产学研合作模式、产业导向型教育模式、企业定制化培训模式、产业导向型科研模式、产业学院模式等。其中，产学研合作模式可以促进产学研合作，实现多方共赢，提高社会效益和经济效益。产业导向型教育模式按照产业需求，定向培养具有专业技能和创新能力的人才，以提高人才市场的竞争力。企业定制化培训模式为企业提供定制化培训方案，并针对企业员工的具体需求培养员工具备相应的技能，以提高企业的核心竞争力。产业导向型科研模式以产业需求为导向，研究开发符合市场需求的新产品、新技术，提高科研成果的转化率。产业学院模式以具体产业为背景，结合教育培训和产业需求，设立产业学院，开展产业专业人才培养和产业技术研发工作。

因此，产教融合是现代教育发展的必然趋势，为学生、企业和社会带来了诸多好处。通过产教融合，学生能更好地掌握实践技能和专业知识；企业能招聘到更优秀的毕业生，拥有更高水平的科技成果；社会能享受到更好的科技服务和成果，形成共建共赢的局面。此外，我们应进一步加强对产教融合的理论深化和实践推广，积极探索产学研合作模式，推动教育创新和产业发展紧密结合，为国家未来的发展打下坚实的基础。

第3章

高职教育产教融合的现状与问题

3.1 高职教育产教融合的发展历程

3.1.1 高职教育产教融合的起源和发展

高职教育产教融合的起源可以追溯到20世纪80年代初期。当时，国际上出现了一种新的教育模式——产学合作。这种模式将学校、企业和政府三者紧密结合起来，通过合作培养具有实践能力和创新能力的人才。

在中国，高职教育产教融合的发展起源于20世纪90年代初期。当时，为了适应市场经济发展，中国开始推行职业教育改革，高职教育逐步发展起来。同时，中国政府开始鼓励学校与企业合作，共同培养适应市场需求的人才。

随着时间的推移，高职教育产教融合不断深化和发展，学校与企业之间也从最初简单的合作模式逐步演变为联合办学、校企共建、实习实训等更加深入的合作模式。

目前，产教融合已经成为中国高职教育的重要特点之一，对培养具有实践能力和创新能力的人才，推动产业升级和转型具有重要意义。

3.1.2 高职教育产教融合的发展阶段和特点

高职教育产教融合是指高职教育与产业界之间的合作与融合，通过院校与企业的合作，将教育与产业相结合，达到推进产业发展和提高人才培养质量的目的。我国高职教育产教融合的发展历程分为以下几个阶段。

3.1.2.1 起步阶段（1978—1995年）

20世纪80年代，我国开始实施改革开放政策，国民经济快速发展，产业结构发生了重大变化。为了适应这种变化，产业界开始注重人才的培养，高职教育开始与产业界合作，开展实践教学和科技创新活动。但当时高职教育与产业界之间的联系还比较松散，缺乏有效的合作机制。在这一阶段，高职院校主要依靠政府的财政拨款维持运营，产业界也主要招聘普通大学的毕业生。

3.1.2.2 探索阶段（1996—2010年）

随着时间的推移，高职教育产教融合逐渐深化，合作方式和内容也不断丰富。1996年，教育部提出了高职教育产教融合的理念和目标。此后，各地区开始积极推进高职教育产教融合，建立了一批产教融合示范学校，并实施“三校联合”模式，即高职院校、企业和政府合作，共同开发和实施职业教育项目。这种模式在推动高职教育产教融合方面发挥了重要作用，为后来的产教融合提供了经验。

进入21世纪以来，高职教育产教融合进一步加强，成为高职教育发展的重要方向。21世纪初，我国高职教育开始进入快速发展阶段，产业界也逐渐意识到高职院校培养的人才更符合其需求。高职院校开始与产业界进行深入合作，开展实践教学、实习就业等活动。同时，政府开始出台一系列政策，鼓励高职院校与产业界开展合作，促进产教融合。在这一阶段，高职院校与产业界之间的合作机制逐渐建立，但是合作模式比较单一，缺乏多样性。

3.1.2.3 深化阶段（2011年至今）

2014年，教育部进一步明确了高职教育产教融合的要求和标准，高职教育产教融合已经成为高职教育的重要特征和优势，进入深化阶段。高职院校与产业界之间的合作形式逐渐多样化，包括联合办学、实习就业、科技合作、人才培养等多种形式。政府也出台了一系列政策，鼓励高职院校与产业界深入合作，促进产教融合。在这一阶段，高职院校与产业界之间的合作机制更加完善，合作模式更加多样化，产教融合的效果也更加显著。

未来，高职教育产教融合将进一步深化。随着我国经济的快速发展，产业界对高素质人才的需求将越来越大，高职院校也需要更加紧密地与产业界合作，培养出更多适应产业发展的高素质人才。同时，政府也将继续出台相关政策，鼓励高职院校与产业界深入合作，促进产教融合。我们相信，高职教育产教融合将在未来发挥越来越重要的作用，为我国经济的持续发展和人才的培养作出更大的贡献。

因此，高职教育产教融合是高职教育发展的重要特征和优势，也是高职教育与产业界合作的重要方式。未来，高职教育产教融合将继续发挥重要作用，为高职教育和产业发展作出更大的贡献。

3.1.3 高职教育产教融合的发展趋势和方向

3.1.3.1 高职教育产教融合的发展趋势

（1）教育与产业紧密结合。

教育与产业紧密结合可以有效地促进高职教育的发展，提高高职教育的教学质量和人才培养质量。同时，可以让学生更好地了解产业的需求，提高实践能力和就业竞争力。

教育与产业紧密结合不仅可以增强学生的就业竞争力，还可以推动产业升级和技术创新。高职院校与产业界的合作可以使产业界更好地吸纳高素质人才，使其参与产业的创新研发、生产、营销等各个方面。这样不仅可以提高产业的竞争力，也为学生提供更多的创新实践机会，增强其实践能力。

此外，教育与产业紧密结合还可以帮助高校打造特色专业和培养特色人才。通过与产业界紧密合作，高职院校可以根据产业的实际需求，调整课程设置和教育内容，以适应产业发展的变化，培养具有特定技能和专业特长的毕业生。

在此过程中，产业界通常会为高职院校提供实践教学基地，甚至教学设备和教材。这样的教育资源共享和互相协作，不仅可以降低高职院校和企业自行建设成本，而且有助于提升教育教学质量。

教育与产业紧密结合是产教融合的重要趋势之一。在高职教育体系中，加强教育与产业的紧密结合，可以推动高职教育高质量发展，提高学生的实践能力和就业竞争力，推动产业升级和技术创新。

（2）创新人才培养模式。

在产教融合的过程中，高职院校可以与企业、行业等合作，共同探索新的人才培养模式，如校企合作、实习实训等，这些新的人才培养模式可以更好地满足社会对高素质人才的需求。

在高职教育领域内，创新人才培养模式的重要性日益凸显。随着社会经济的快速发展，传统的人才培养模式已然不能满足社会的发展需求。因此，高职院校应不断探索和创新人才培养模式，以适应社会对人才的需求。

在实践教学方面，校企合作已经成为高职教育的一个重要发展趋势。通过与产业界的联合，高职院校可以为学生提供更加切合实际的教学机会和社会资源，也可以让学生更深入地了解产业的发展现状和主要需求，从而将学生的理论知识与实践技能相结合，提高学生的综合素质和创新能力。

此外，在实践环节，创新的实习实训模式也越来越受到高职院校的重视。传统的实习实训模式以单纯地了解操作技能为主，而现在的实习实训已经不仅仅是操作技能的训练，还需要学生具有创新思维和项目管理能力等多方面的综合素质。

高职院校通过创新的实习实训模式让学生负责实际项目，使学生更加深入地融入产业。学生通过实践发现并总结问题，最终全面掌握技能，并逐渐提升创新思维和解决问题的能力。这种新型的人才培养模式，能够充分满足社会对具备产业适应性和创新能力的现代高素质人才的需求。

创新人才培养模式是高职教育产教融合另一个重要的发展趋势。高职院校不断探索新的人才培养模式，加强与产业界的合作，能够全面提升高职教育的质量和水平，为社会培养更多高素质、创新型人才。

（3）加强科研创新。

高职院校可以与企业、行业合作，共同开展科研项目，推动科研成果的转化和应用。这样能更好地促进高职教育的创新与发展，提高高职院校的学术水平、科研实力和影响力，也能为高职学生提供最新的科研成果和技术，帮助学生更好地了解科技发展现状，进一步提高学生的创新能力和创新素质，为学生未来就业提供更多的机会。

随着产业的快速发展，创新已成为生产力的重要推动力。加强科研创新已经成为高职教育产教融合的重要趋势，旨在将高校的科研成果和产业界相融合、相促进，以推动科技进步和经济发展，同时为高校的发展注入新的动力。

此外，高职院校和产业界的紧密合作有助于将优秀的科研成果转化为具有市场竞争力的产品，进而推动经济和社会的持续发展。

因此，高校与产业界合作，加强科研创新，开展科研项目，能更好地促进高职教育的创新与发展，提高高职院校的学术水平和科研实力，也能够培养出更多具有实际操作能力和科学创新能力的高科技人才，为推动产业进步和经济发展作出更大的贡献。

（4）推进国际化发展。

高职院校可以与海外企业、高校等合作，共同推进教育教学、科研创新、人才培养等方面的发展。这样可以更好地提高高职院校的国际化水平和国际影响力。

在经济全球化时代背景下，高职教育机构也要跟上潮流，加强国际化发展。推进国际化发展已经成为高职教育产教融合的重要趋势之一，旨在提高高职院校的国际化水平和国际影响力，同时让学生接触到更广阔的世界，提高其在经济全球化时代背景下的竞争力。

高职院校可以通过与海外企业、高校等合作，不断提高自身的教育水平和科研实力。通过与国际顶尖学府和企业合作，高职院校能够让学生接触到最新的科研成果和技术，进一步提高实践能力和经济全球化时代背景下的竞争力，让学生更好地适应经济全球化时代背景下的就业环境。

在推进国际化发展方面，高职院校可以开展多种形式的合作交流，例如，设立教师交换项目、开展联合科研项目、组织国际学生交流项目等。这些合作交流不仅可以促进双方企业、学校的交流与合作，也可以推进国际化人才的培养，真正实现“走出去”和“引进来”的双向交流合作。

因此，推进国际化发展已经成为高职教育产教融合的重要趋势之一。高职院校通过加强与海外企业、高校的合作交流，不断提高教育教学、科研创新和人才培养方面的水平，使学生开阔视野，接触到更广阔的就业市场。

3.1.3.2 高职教育产教融合的方向

（1）深化产学研合作。

产学研合作是产教融合的重要组成部分之一，要推进产学研合作，就必须坚持以企业需求为导向，按照企业要求开设相关课程，为学生提供实习岗位和研究机会，通过技术创新和人才培养，推动企业发展。

首先，要挖掘产学研合作的深度。产学研是企业、学校和研究机构共同合作的理念，要想让三者真正形成合力，就必须加强深度合作。要加强深度合作，就要促进三者之间的信息共享与资源整合，搭建实质性的合作桥梁。企业在和学校、研究机构合作的过程中，可以将自己的技术优势、市场需求、业务模式与学校、研究机构的人才、科研成果和教学资源结合起来，形成新的合作模式，探索出新的发展路径。

其次，要拓宽产学研合作的广度。在为企业提供人才和技术支持的同时，学校和研究机构也可以得到实践经验与商业机会。对于学校和研究机构来说，加强与企业的合作，可以从合作中挖掘和培养创新人才，提高自身的科研水平，构建产学研一体化的创新体系。

最后，要提升产学研合作的创新能力。创新是推动产业发展的原动力，也是提高国家竞争力的关键。产学研合作应该是一个高效的创新机制，通过提高合作效率和深度，激发成员的创新能力。在合作中，企业可以将市场需求、产品设计意义、技术创新等信息反馈给学校和研究机构，以激励教师和学生的创新。

（2）建立校企合作平台。

校企合作平台是产教融合的重要载体之一，建立校企合作平台可以加强教学实践、科技研发、产业培训等方面的合作，挖掘企业发展的新动能，为优秀学生提供实习和就业机会，推动产教融合取得显著成效。因此，在这样的背景下，建立校企合作平台尤为重要。

首先，建立校企合作平台可以提高学生的实践能力。学生在校期间只学习理论知识还远远不够，应该深入企业实践，了解行业发展状况，接触先进技术和生产流程，跟随企业员工完成工作任务，实践并掌握实际技能。这样的实践环境是纯学术环境无法替代的，可以有效弥补学校课程的不足，增强学生的就业竞争力。

其次，建立校企合作平台可以促进产业发展。校企合作不仅有助于人才培养，还为企业提供创新思路和科研资源，实现技术转化和产业升级。学校也可以通过与企业的深入合作，了解企业真实的需求和市场状态，有效调整教育和培训内容，更好地为企业服务。因此，校企合作是推动产业升级和经济发展强有力的抓手。

最后，建立校企合作平台可以促进社会责任的履行。企业不仅是利益相关者，也是社会责任承担者。在面对文化、教育等社会问题时，企业应扮演构建社会责任平台的角色，承担社会责任，切实履行企业公民的义务。通过与学校的合作，企业可以向社会传递社会责任感，推广企业文化，提高社会认同感。

（3）开展职业技能培训。

职业技能培训是产教融合的重要方向，职业技能培训可以提高高职院校学生的技能水平和市场竞争力，让高职院校学生能够更好地适应市场需求，提高企业效益，加速整个经济发展。因此，开展职业技能培训是至关重要的。

首先，开展职业技能培训可以促进就业。随着人口的增加和就业压力的增大，职场人才市场竞争越来越激烈，而职业技能培训可以提高个人在职场的竞争力，使其更具吸引力，更能适应现代化的职业环境。此外，职业技能培训的灵活性和多样化还可以降低用人单位的招聘成本和培养人才的成本。

其次，开展职业技能培训可以提高公共服务水平。随着产教融合的深入推进，各地自主开展职业技能培训的机构大量涌现，形成了一个立体的职业培训体系。这些机构提供的培训服务可以有效针对用人单位的实际需求，对被培训者实行个性化教育，并且可以针对行业里的不同分类进行更精细化的培训。同时，一些政府和社会机构可以通过建立职业技能培训的标准化基地或者职业就业指导中心等途径，为学生提供更多的服务和技能支持。

最后，开展职业技能培训可以激发个人创新精神和潜能。职场竞争日益激烈，个人要保持竞争力不仅需要技能的积累和技能水平的提高，也需要被激发创新精神和动力。因此，开展职业技能培训可以使个人提升学习能力和实践能力，增加经验，不断探索现实世界中的新方向和新领域，从而更有效地满足不同行业的发展需求，实现个人和社会的共同进步。

3.2 高职教育产教融合的研究现状

3.2.1 国内外高职教育产教融合研究现状

3.2.1.1 国内研究现状

（1）国内高职教育产教融合研究正处于不断发展的阶段。

近年来，国内高职教育产教融合研究的数量和质量都有了明显提高。研究者从不同角度和层面对产教融合进行了深入研究，包括产业发展模式、教育理念、课程设置、教师培训等方面。

一方面，国内的研究者积极探索和创新产教融合实践模式，不断推动产业界与高职院校的合作。例如，一些高职院校与知名企业合作设立校企联合实训基地，为学生提供更实际的教育培训环境。这些实践探索不仅丰富了高职教育的内涵，也为产教融合的理论研究提供了宝贵的实践案例。

另一方面，国内推行了一系列战略性举措，为高职教育产教融合提供了有力的支持。例如，通过加强对“双师型”教师的培养这一具体举措鼓励高职院校与企业合作培养有实践经验的高素质教师。此外，国家还设立了一些资金项目鼓励产业界与高职院校合作，为实施产教融合提供了经济支持。

可见，国内高职教育产教融合研究近年来取得了明显的进展，研究者对不同领域进行了深入研究，在实践中也进行了积极的探索和创新。同时，相关政策和法规的出台也为产教融合提供了有力的支持。然而，仍需进一步完善合作机制和模式，并加强研究与实践的结合，以推动高职教育产教融合的深入发展。

（2）高职院校缺乏与企业建立长期稳定合作关系的意识。

首先，高职院校与企业合作仅限于项目合作的形式，缺乏可持续的合作思路和长远规划，这导致了合作效果不够理想，长期合作的机会和优势得不到充分发挥。而一些高职院校没有意识到在与企业合作的同时，能获得更多的资源和支持，进一步提升教育教学水平。

其次，一些高职院校在与产业界合作的过程中，不仅缺乏规范的机制，还缺乏明确的合作流程和责任分工，导致合作项目缺乏有效的管理和评估，合作项目的目标和要求没有明确规定，难以达到预期效果。同时，由于缺乏监督和评价机制，一些合作项目存在质量良莠不齐的问题。这使合作的可持续性受到挑战，难以形成高职教育与产业界深度融合的良好模式。

为了解决这些问题，高职院校应增强与产业界的合作意识，建立长期稳定的合作关系，通过与企业建立战略合作伙伴关系，共同制定合作目标和规划，形成双赢的合作模式。同时，高职院校还需要建立规范的合作管理机制和评价体系，加强对合作项目的监管和评估，确保合作的质量和效果。只有通过这些措施，高职院校与产业界的合作才能实现更加深入和全面的融合，为培养适应社会需求的高素质人才作出更大的贡献。

（3）缺乏产业界的积极参与。

首先，一些高职院校缺乏与产业界建立紧密联系的意识。它们将教育教学与产业界的需求分隔开来，没有意识到产教融合对高职教育的重要性。这使高职教育与产业界的联系不够紧密，无法充分利用产业界的资源和能力支持教育教学的发展。

其次，一些高职院校缺乏对产业界需求的了解和把握。它们没有深入研究和了解产业界的实际需求，无法准确地对接产业界的需求和趋势，导致高职教育培养的质量和效果受到影响，毕业生的就业竞争力不足。

为了解决这些问题，高职院校应积极与产业界建立紧密联系，加强与企业的合作，通过与企业共同制订合作项目计划，提高产教融合的深度和广度。高职院校应该注重对产业界需求的研究和了解，及时调整和更新教育教学内容，确保培养出符合产业需求的高素质人才。高职院校还可以通过校企合作、实习实训等形式，提供更多的产业界实践机会，提高学生的实际操作能力和就业竞争力。只有通过这些措施，高职院校才能与产业界更好地融合，为学生的发展和就业创造更多的机会与优势。

（4）缺乏深入的理论研究。

目前，国内高职教育产教融合研究以实证研究为主。这就意味着大多数研究是围绕对实践经验和实际案例的观察与分析展开的，缺乏强有力的理论支撑；学术界对高职教育产教融合的理论体系和模型的构建尚未达成共识，理论研究的深度与广度还有待提高。

缺乏深入的理论研究带来了以下几个问题。

首先，融合机制和模式的理论探索不足。没有一个明确的理论框架指导高职教育产教融合的实践，导致各个高校和企业仅仅按照自身的经验及实际情况开展合作，缺乏相关指导。在这种情况下，一些高校可能在产教融合中遇到困难，甚至无法达到预期的效果。

其次，对融合评价的理论研究不足。目前，在高职教育产教融合的评价指标和评估体系上缺乏统一的理论基础，评价方法和标准较为单一，缺乏科学性和可操作性。由于缺乏对于评价机制的理论探索，学校和企业在融合过程中无法有效地评估合作效果，无法确定改进和优化的方向。

最后，缺乏深入的理论研究使高职教育产教融合的理论发展相对滞后。在研究的规模和深度方面，国内的高职教育产教融合研究还有很大的提升空间。缺乏深入的理论研究导致学术界缺少了更具含义和洞察力的理论，无法把握高职教育产教融合这一现象的本质和内在规律，进而无法对其进行更加有效的预测和指导。

因此，国内高职教育产教融合研究需要加强对融合机制、模式、评价等方面的理论探索，构建更完善的理论框架和研究体系，为实践提供更有力的理论支持，推动高职教育产教融合发展。

（5）缺乏实践创新。

首先，缺乏创新的合作模式是产教融合无法顺利进行的重要原因之一。目前，很多合作项目只是简单地提供实习机会，没有形成真正的合作关系和深度融合。此外，一些高职院校和企业合作仅仅局限在一次性项目上，缺乏长期合作的机制。这种浅层次、临时性的合作模式不能达到提高学生职业素养的要求，也不能满足企业对人才的需求。

其次，由于缺乏实践创新，国内高职教育的课程内容与企业的实际需求严重脱节。一些高职院校还停留在传统的教学模式上，没有及时更新课程内容和教学方法，导致毕业生在实际工作中缺乏必要的技能和知识。同时，高职院校目前所能提供的人才的能力和素养无法满足企业的需求。

最后，缺乏实践创新使高职教育与产业发展之间的紧密联系无法真正建立起来。高职教育应该紧密结合产业领域的发展趋势，更新教育内容、课程体系和教学方法，使其与企业的需求保持一致。然而，由于缺乏创新和变革，很多高职院校仍然沿用传统的教学模式，无法及时适应产业的需求变化，进而使学生毕业后就业困难。

国内高职教育产教融合缺乏实践创新，具体表现在合作模式和机制的创新不足、课程内容与企业需求脱节，以及高职教育与产业发展之间缺乏紧密联系等方面。只有通过加强与企业的深度合作，推进产教融合模式的创新，高职教育才能为学生提供更好的职业教育，满足企业对人才的需求。

3.2.1.2 国外研究现状

相对于国内，国外关于高职教育产教融合的研究历史较长，研究成果也相对较为丰富，主要表现在以下几个方面。

（1）研究主题扩展。

在高职教育产教融合领域的理论探讨之外，国外学者通过深入研究，进一步扩展了相关研究主题。这些研究主题包括人才培养、科技创新等。

首先，人才培养是高职教育产教融合的核心问题之一。国外学者通过实证研究和案例分析，探究如何通过产业与教育紧密结合，培养复合型、应用型的人才。同时，国外学者还研究了如何针对不同行业的需求开展相应的教学活动，以满足企业的招聘和岗位需求。

其次，科技创新也是高职教育产教融合领域的重要问题。国外学者通过分析高职教育与产业之间的互动，探究如何通过实训实践、课程设置和科技创新等手段，促进教育与产业结合，推进科技创新。同时，他们研究了高职教育机构如何结合产业界的技术和人才，提高科技创新的水平和效率。此外，国外学者还延伸研究了高职教育产教融合领域的其他问题，如师资培训、创新创业、教育评价等。这些研究主题进一步丰富和拓展了高职教育产教融合的理论和实践，为高职教育产教融合领域的发展提供了借鉴和启示。

国外学者在高职教育产教融合领域的研究中，深入挖掘了高职教育产教融合领域的相关问题，明确了研究方向，为更好地将高职教育与产业融合提供了助力。

（2）实践创新。

实践创新是高职教育产教融合的重要方面，国外学者对此给予了极高的关注。他们认为，实践是高职教育的核心要素之一，应将实践作为学生能力培养的重要途径，注重将实践环节纳入高职教育产教融合。

实践创新不仅体现在教学内容和教学模式的创新上，更重要的是发挥高校和企业的优势，探索新的高职教育产教融合模式，从而不断深化实践。国外学者在此方面的研究不仅涉及校企合作、产学研合作、企业实践教育等，还包括一些具有创新性的实践模式，如工作—学习协同环境、职业教育中的仿真实验室等。

另外，国外学者还注重将学生与社会实践结合起来，通过社会实践锻炼学生的实践能力和创新能力。他们认为，高职教育应该注重培养学生的创新能力和实践能力，不仅要关注传授学生知识，还要注重对学生能力的培养，在实践中探索新的高职教育产教融合模式，为培养卓越的高素质人才提供更好的教育服务。

国外学者认为，实践创新是高职教育产教融合的重要方面。他们注重发挥高校和企业的优势，促进产学研深度融合，推进实践创新深入发展。他们还注重将学生与社会实践结合起来，以提高学生的实践能力和创新能力，为高职教育产教融合模式创新提供参考和借鉴。

（3）纵向研究。

国外学者在高职教育产教融合领域进行了多年的研究，其中不乏对高职教育产教融合领域的纵向研究。这种纵向研究强调长期跟踪研究，通过对数据的收集、分析、解释等获取对研究对象的深层理解，进而为解决问题提供精准的策略。

国外学者的纵向研究探究了高职教育产教融合领域的各个方面。他们不仅仔细分析了高职教育和产业融合的各个阶段，而且深入分析了教育和产业之间的相互影响，并从中发现诸多问题。国外学者通过这些纵向研究，形成了关于高职教育产教融合领域发展的深刻思考，并探索了许多新的解决方案。例如，通过纵向研究，国外学者发现，要实现高职教育与产业的真正融合，就需要强化校企合作，建立互信、互利、共赢的长期合作模式。此外，他们还探索了面向未来的高职教育方案，包括业界与学界共同设置课程支持学生创业等方案，这些方案为高职教育产教融合提供了重要的参考和借鉴。

3.3 高职教育产教融合的基本模式及问题分析

3.3.1 高职教育产教融合的基本模式

3.3.1.1 课堂教学与企业实践相结合的模式

高职教育的课堂教学与企业实践相结合的模式，是一种以职业导向为核心的办学模式。这种模式强调学生实际应用能力的培养，重视学校与企业之间的密切联系和合作。在这种模式下，学生在校期间不仅能掌握理论知识和实践技能，还能通过实习、见习等方式进入企业实习或工作，了解企业经营、管理体系和行业规律，提高自身专业素养及综合素质。

这种模式的实施需要学校和企业之间的密切合作与有效沟通。学校需要了解企业的需求和培养方向，确保课程设置和产业发展的要求相适应；企业需要提供实践基地和实际工作机会，与学校合作制订实践计划和任务，对学生进行指导和培训，并充分反馈学生的表现情况。同时，还需要加强师资队伍建设，改进教学方法，开展适应企业实践的课堂教学活动，促进学生实践能力的全面发展。

通过实施这种模式，可以有效提高高职教育的质量和毕业生的就业竞争力，进而促进学校与企业之间的深度合作和产学研结合，助力地方经济和产业发展。

案例分析22

北京理工大学机器人学院的工程教育模式

北京理工大学机器人学院通过将工业实践经验与理论知识融合，开设了一系列工程教育课程。学生可以学习到机器人设计、制造、调试等领域的最新技术，并在校内实验室和外部实践基地开展一系列实践活动，对设计开发和制造流程有更深入的理解。同时，学院还和众多机器人企业合作，常规性地开展跨学期实践活动，鼓励学生参加与机器人相关的竞赛和项目。通过这种教学模式，学院着重培养学生的实际操作技能和团队协作能力，使学生毕业后更容易适应企业的工作环境。

西南大学与四川长江电力公司合作的工程实践

西南大学与四川长江电力公司开展合作，在企业的工程项目中，通过校企合作，借助共同探讨、合作实践等方式，提高学生的职业素养和技能水平，将学生的学习和企业实践联系起来。在这个过程中，学生不仅能学习到工程设计、建筑监理、工程管理等多个领域的专业知识，还能通过参与工程项目等活动提升团队协作和沟通能力。为应对各种困难和问题，学生应用所学知识，发扬认真负责、勇于开创的精神，充分展现实际操作技能和实践能力。

以上案例表明，将课堂教学与企业实践相结合的模式在高等教育中是一个趋势。在理论学习之余参与企业开展的各种实践训练使学生具有丰富的实践经验，有助于学生更好地适应和应对企业中的各种问题，从而更好地为企业发展作出贡献。

3.3.1.2　学校与企业联合培养的模式

高职教育的学校与企业联合培养的模式是指高职院校与企业之间建立紧密的合作关系，以企业为主导带领学校的教师和学生开展教学、实践、科研活动等，从而培养符合市场需求的人才。这种模式有以下三个好处。

(1) 提高毕业生就业竞争力。

为了提高毕业生就业竞争力，企业与学校合作，让毕业生更加符合企业用人需求，为毕业生提供职业发展思路和就业机会，增强他们的职业竞争力。

首先，企业根据市场需求提出的实际要求，协助毕业生进行职业定位。企业专家分享企业发展趋势和用人需求，使学生能够对未来职业的选择有更清晰的认识和方向。学生通过企业技能培训，了解并熟悉企业所需的核心技能和知识，从而更好地了解职业发展路线并增强就业能力。

其次，企业技能培训课程注重学生实践经验的积累。企业专家与学校教师共同授课，结合行业特点和实际需求，提供更加实用的技能培训课程，让学生通过实际操作和训练积累经验，掌握技能并提高职业素养。学生在企业技能培训过程中积累的实践经验对其开启职业生涯具有非常重要的作用。

最后，企业为毕业生提供更广泛的职业发展机会。企业技能培训课程将进一步增强学生的实力和吸引力，提高毕业生在求职过程中的竞争力。学生通过企业技能培训获得的技能和经验，可以使其更快地满足职业发展的需求，拓展薪酬空间。

总的来说，企业技能培训课程提高了毕业生的就业竞争力，为毕业生提供了更多的职业发展机会和选择，在毕业生的职业规划和就业过程中发挥了重要作用。企业与学校的深度合作，促进了校企之间的信息沟通和协作，为未来的产业发展和人才培养作出了重要贡献。

（2）学校更贴近市场。

学校与企业紧密合作能够让学校更贴近市场，了解行业最新动态和需求，更好地为培育人才提供帮助。这种合作模式不仅为学生提供了更多的实践资源和职业选择，还为学生提供了具有实际价值的教育培训机会，使学生更好地满足职业市场的需求。

首先，学校与企业紧密合作能够使学校更加深入地了解行业发展趋势和需求。企业在市场中处于前沿位置，对行业最新技术、产业变革和营销模式等有更深入的了解。通过与企业合作，学校能够获得相关信息，更好地把握市场动态，及时调整教育内容和培养方向，使学生具备的能力更加符合市场需求。

其次，学校与企业紧密合作可以为学生提供更实用的教育和培训内容。在合作模式下，企业专家可以将实际案例和经验分享给学生，讲解行业前沿技术的重难点，使学生更好地了解实践应用场景，并掌握实际工作技能。学校可以借用企业的生产实践环境，使学生积累更丰富的实践经验。

最后，学校与企业紧密合作可以为学生提供更多的职业发展机会和社会资源。企业作为就业的主体，能够在毕业生就业和职业发展方面提供更好的支持与帮助。学校与企业合作可以使学生更好地了解市场就业的需求和前景，并借助企业的资源更好地对接行业就业岗位，为毕业生提供更多的职业发展机会。

学校与企业的紧密合作是一种双赢模式，不仅能使学校更加贴近市场，了解行业最新动态和需求，还能使企业快速地吸纳符合其要求的毕业生。未来，学校应该继续探索校企合作模式，为学生提供更多、更好的实践资源和职业发展机会，促进学生发展和就业。

（3）提高企业的人才素质。

企业在参与学校教育过程的同时，不仅能更好地了解市场人才需求和行业发展趋势，而且能培养符合企业发展需求的人才，提高企业的核心竞争力。

企业参与学校教育可以为企业提供更多符合自身需求的人才资源。企业可以通过参与学校的教育培训，将自己的需求和要求与学校进行沟通、交流，与学校教职员工共同设计和制定教育培训方案，让学生在学校期间就能获得与企业岗位要求相适应的专业技能和素质，为企业招聘员工提供更好的保障。

企业参与学校教育可以提高企业的人才素质和竞争力。通过与学校深度合作，企业可以为学生提供实践机会，让学生在企业中了解实际工作流程，学习企业管理模式和先进技术，并增加工作实战经验。这些学生在校期间获得的经验和技能能够满足企业发展需要，提高企业的人才素质和竞争力。同时，企业可以通过参与学校教育，加强企业文化建设和品牌塑造，提高自身的知名度。

企业参与学校教育可以为企业员工提供职业发展机会。企业可以通过与学校合作为学校提供讲师等人才，委派员工到学校培训和授课，让员工在培训过程中积累更多的教学经验，这些经验能为员工的职业发展提供更多的机会和发展空间。

综上，企业参与学校教育可以培养符合企业发展要求的人才，提高企业的人才素质和竞争力，也可以为企业员工的职业发展提供更多的机会和发展空间。可见，学校与企业联合培养模式可以让企业更好地获得适合自身发展的人才资源，提高企业竞争力，并为学生提供更多、更好的实践机会和职业发展路径。

因此，高职教育阶段的学校与企业联合培养模式已经逐渐成为一种不可或缺的教育模式，并从许多方面提高了高职教育的教学质量和毕业生就业率。

3.3.1.3 企业委派专家参与教学的模式

企业委派专家参与教学的模式是指企业派具有专业技能和实践经验的技术人员或管理人员到高职院校为学生进行实践教学或讲授一些相关领域的课程。这种模式充分利用了企业在专业领域中的优势资源和实践经验，可以让学生更好地了解实际操作和企业文化，并提高学生的实践能力和就业竞争力。企业委派专家参与教学的基本模式如下。

（1）校企合作实践教学。

校企合作实践教学是高职教育与现实需求紧密结合的一种教学模式。学校与企业达成合作之后，依托实践教学项目开展实习实训等活动，提高学生的实际操作能力。

采用校企合作实践教学的模式，不仅有利于学生在实践中增长技能、学习知识，还可以为企业提供熟练掌握行业技术的人才，有利于推动产业的发展与创新。

在这个过程中，企业委派专家到校指导学生实践操作，不仅能够使学生学习到更多的专业知识和实践技能，还能实实在在地促进学生与企业之间的沟通和合作，锻炼学生的实践操作能力和解决问题能力。

此外，校企合作实践教学还可以帮助学校更好地了解企业对人才的需求，以及市场对职业技能的要求。在这种教学模式下，学校可以根据企业需求和市场变化，调整课程设置，为学生提供更贴近实际工作需求的学习内容。

更重要的是，校企合作实践教学能够充分发挥学生的就业优势。通过参与实践教学项目，学生可以更快速地适应实际工作环境，增强自己在实际工作中的竞争力，为自己的未来就业创造更好的机会。

校企合作实践教学是高职教育与市场需求紧密结合的重要方式，通过这种方式可以为学生和企业提供更多的机会和资源，以促进高职院校培养出更高质量、更适应市场需求的人才。

（2）企业讲座。

企业讲座是一种企业与高职院校互动的教学模式，企业会派遣相关领域的专家到校，以讲座、小课堂等形式，为学生介绍相关领域的知识，提高学生对行业的了解和认知。

通过企业讲座的方式，学生可以接触到来自企业内部、经验丰富的专业人士，从而更加深入地了解在实际工作中需要掌握哪些技能和知识，以及如何将其有效地应用到实际工作中。同时，企业讲座能加强学校与企业之间的联系，促进双方在人才培养、技术研发、产学研等方面的合作。

企业讲座的形式和内容是多样化的，可以是企业专家给学生做行业趋势、技术前沿的讲解，也可以是就业导师给学生分享招聘要求，还可以是企业员工为学生开展一场工作技能培训活动。不同的企业会根据不同的需求和特点提供针对性的讲座内容，以满足学生在未来工作中的需要。

企业讲座可以激发学生的创新精神。在企业讲座中，学生可以了解到许多创新的理念和方法，这些理念和想法能为学生未来的研究和工作提供思路与启示。对于创业者来说，通过参加企业讲座，可以获得很多关于市场营销、销售策略、融资等方面的实用经验和技巧，提高创业成功的概率。

在如今复杂多变的市场竞争环境中，企业讲座为学生提供了与企业交流和获得实用经验的平台，对促进学校与企业之间的深度合作、将课堂教学与实际应用有机结合，以及推动人才培养有重要的推动作用。

（3）企业技能培训课程。

企业技能培训课程是企业与学校合作，由企业委派专家讲授相关的专业技能课程，如涉及机械加工、电子制造等方面的技能。此种方式弥补了传统教学模式的不足，提高了学生的应用能力和实践水平。

首先，企业技能培训课程能够使学生更加深入地了解专业知识。企业专家会在课程中分享自己的实践经验和研究成果，并结合实际案例讲解，让学生更好地了解行业前沿和新技术。企业专家分析企业发展需求和趋势，分享企业文化和组织形式，为学生提供更宽广的视野和更丰富的专业知识。

其次，企业技能培训课程提高了学生的实践能力。学生通过实践操作，能够将理论知识与实际操作结合起来，更好地了解应用场景和技术特点，提升技能水平。企业技能培训课程注重实际操作，学生能够亲自动手，深入了解技术特点和应用场景，加深对专业知识的理解和掌握。

最后，企业技能培训课程增强了学生的职业竞争力。通过参加企业技能培训课程，学生不仅可以了解企业需求和发展趋势，还可以掌握实用技能和操作技巧，提高自身的应用能力和实践水平，增强职业竞争力。

企业技能培训课程模式不仅有利于学生个人的成长和发展，还体现了学校和企业之间紧密结合和相互依存的关系，促进了校企合作和产学研交流。

（4）“双师型”课程。

“双师型”课程是专业教师和企业专家组成的“双师型”教学团队在课程设计、授课和评估等环节发挥各自的优势，以提高教学质量和促进人才培养为目的的一种教育模式。通过调动企业结合教育的优势资源，“双师型”课程模式让企业专家与学校教师合作授课，为学生提供学科知识和实践经验相融合的教育服务。

“双师型”课程模式更加突出学科与实践的结合，让学生在实践中掌握知识和技巧，增强实践能力。在“双师型”课程中，企业专家会通过分享自己的实践经验，让学生更加深入地了解在实际工作中需要掌握哪些技能和知识，从而提高学生的专业水平和职业竞争力。

与此同时，学校教师可以通过与企业专家的合作，获取更加丰富的教学资源，提高自己的教学水平，加深对行业的了解。他们可以将企业专家的实践经验融入教学中，以更加生动具体的案例讲解教学内容，进而提高教学质量。

“双师型”课程模式的实施，有利于学生更好地了解行业所需人才类型和就业市场规律，以及不同企业的需求和文化特点。在这个过程中，学生能够根据自己的兴趣和能力选择适合自己的发展方向与职业道路，利用优势，增强自己的职业规划能力。此外，“双师型”课程模式还有助于学生与企业之间的沟通和合作，增加双方的互动频次，搭建良好的校企合作平台。

“双师型”课程模式结合企业和学校的优势资源，更加强调学科与实践的结合。通过建立有效的合作机制，学校和企业可以对人才进行更全面、更深入、更实用的培养，为未来的社会发展和经济繁荣作出积极贡献。

3.3.1.4　企业提供实践场地和设备的模式

企业提供实践场地和设备的模式可以采用合作开发、投资共建合作等方式。就合作开发而言，高职教育需要有与产业接轨的实践教学环节，而企业需要高素质人才，因此，两者可以合作开发实践场地和设备。合作开发的方式可以是企业提供现有的实践场地和设备，也可以是企业与高职院校共同开发实践场地和设备。就投资共建合作而言，企业可出资建设实践场地和购买设备，高职院校则可以提供专业人才和教学资源。可以根据企业和学校的实际情况与需求选择企业提供实践场地和设备模式，以达到相互合作、互利共赢的效果。无论哪种模式，都需要制定详细的合作协议和管理细则，以确保双方的权益得到保障。

3.3.2　高职教育产教融合存在的问题及对策

3.3.2.1　高职院校与企业合作的难点

高职院校与企业合作作为高职教育的主要合作模式之一，近年来受到广泛关注和重视。但是在高职院校与企业合作的过程中，难免会遇到一些困难。高职院校与企业合作的难点主要表现在以下几个方面。

（1）不了解企业需求。

高职院校往往只注重课程设置和教学内容的完善，而忽视了企业对人才的实际需求。这就导致高职院校培养出来的人才与企业的要求存在较大差距，难以胜任实际工作。要解决高职院校不了解企业需求的问题，可以从以下角度出发。

首先，应该加强高职院校与企业之间的联系，通过产学研合作的方式了解市场需求和人才需求信息，及时调整教学内容，培养符合企业实际需求的优秀人才，这将有利于学生的个人成长和企业的发展进步。

其次，应该加强实践教学环节，通过开设与实际工作实践相关的课程、增加实践操作时间、多组织实践技能培训等方式让学生更好地了解产业现状及分析市场需求，并在实践中不断提升自己的专业技能。

再次，高职院校可以开展与企业密切相关的科研合作，与企业共同研究工业技术、产品标准等，从理论和实践两个方面促进教学与企业之间实现有机联结，促使学校师生关注企业发展的动态和最新技能需求。

最后，高职院校可以加强就业指导，帮助学生更好地了解市场需求，提高就业竞争力，提高学生与企业有效沟通的能力，增强学生的合作意识，使学生能够更好地适应市场需求，胜任实际工作。通过这些措施可以有效促进高职院校与企业之间的联系，达到更好地培养高素质技术应用型人才的目的。

（2）缺乏专业知识。

高职院校在师资队伍和师生交流等方面存在不足，导致教师的教学经验缺乏，学生的实习机会较少和实践能力不足。针对企业需要具备较强专业知识和实践技能人才的要求，高职院校和企业可以采取以下措施来弥补不足。

首先，高职院校可以通过引进业界资深人士提升师资队伍的专业知识水平和实践水平。这些业界资深人士可以作为专业导师和企业实践实习指导教师，将自己的经验和技能分享给学生。高职院校也可以与企业合作，邀请企业专家来校进行教学，帮助在校教师更好地了解行业现状和企业需求。

其次，高职院校可以建立更加广泛的师生交流机制，更好地促进师生之间的交流和合作。高职院校可以通过开展实习、竞赛等活动，为学生提供更多的实践机会，提升他们的实践能力。同时，高职院校也可以邀请企业代表来校举办讲座，或与企业共建实验室，让学生更好地了解市场需求和产业变化，以引导学生自主探究真实业务情况，进而加深他们对专业知识的理解。

最后，高职院校和企业可以合作开展行业需求调研，及时了解企业技术和人才需求，并根据需求实时调整教学内容和课程设置，让学生更好地适应市场需求。同时，企业可以为学生提供实践机会和实践支持，帮助他们更好地掌握市场知识和技术能力，为企业的发展和创新提供更加可靠的人才保障。

（3）缺乏合作机会。

高职院校与企业之间的合作机会比较少，二者之间的联系渠道不畅，往往需要学生自己到企业去找合作机会。一方面，企业不愿意将太多的精力放在合作事宜上；另一方面，高职院校的教师没有很好地协调联系企业。高职院校与企业之间缺乏合作机会的情况具有普遍性，为了增加合作机会，高职院校和企业可以采取以下措施。

首先，高职院校和企业可以通过行业协会等平台开展联合活动。这些平台可以为高职院校和企业提供更多的合作机会，同时能促进行业协会进一步发展。高职院校和企业可以在联合活动中展示各自的优势和专业知识，从而达到双赢的效果。

其次，高职院校可以拓宽与企业之间的联系渠道，以进一步增加合作机会。高职院校可以提高校企洽谈会开展的频率，以及举办企业讲座、招聘会等活动，积极邀请企业代表到学校进行交流合作；也可以邀请企业代表到高职院校担任兼职教师，使高校教师更好地了解业界的最新发展情况，将研究成果应用到教学中。

最后，高职院校可以提高教师的沟通技能。教师可以加强与企业的联系和合作，将学生的实践环节与企业的实际需求相结合。这样可以帮助学生更好地了解产业变化且促进其职场适应能力提升。

高职院校和企业还可以建立职业导师制度以增加校企合作机会。职业导师可以负责学生就业指导、技能培训、企业联系等工作。高职院校可以与企业合作，共建职业导师团队，让企业的技术人才成为学生的职业导师，促进学生与企业之间的联系，增加合作机会，并将学生和企业的联系变得更加紧密，达到有效推进产教融合的目的。

（4）缺乏资源共享。

高职院校和企业之间缺乏资源共享的意识和机制，一些高职院校和企业基础设施、实验室、工作平台等资源没有得到很好的利用和共享。企业也没有为高职院校提供足够的资源支持和投入，导致合作效果不理想。

当前，高职院校和企业之间缺乏资源共享的问题已经成为制约产教融合发展的瓶颈之一。为了解决这个问题，高职院校和企业需要进一步加强资源共享的意识和机制建设。

首先，高职院校和企业应该建立信息共享的渠道与平台，及时了解彼此的需求和资源状况。高职院校可以通过与企业建立稳定的合作关系，积极探索和争取资源共享的机会和渠道。企业也可以主动向高职院校提供资源支持，为学生提供更好的实践环境和机会。

其次，高职院校和企业应该加强资源管理和利用方面的合作。高职院校可以通过与企业合作，租借或共建基础设施和实验室，提高教学和实践水平。企业也可以通过与高职院校合作，为学生提供实践机会和技术支持，帮助学生更好地融入职场和行业。同时，高职院校和企业还可以共同开展技术研究与创新实践，为产业的发展和升级提供有效支持。

最后，高职院校和企业需要制定共赢的资源共享机制与实施方案，建立稳定的资源共享合作关系，切实推动资源共享的良性循环。高职院校可以采用竞争招标的方式，引导企业向高职院校提供资源支持，同时，高职院校可以为企业输送人才和提供技术咨询。企业也可以通过向高职院校捐赠实验设备或资金等形式，帮助高职院校提高教学和科研水平。只有通过共建共享的资源共同体，高职院校和企业才能发挥各自的优势，相互促进发展，为产教融合的发展注入新的活力和动力。

以上是高职院校与企业合作的一些难点，需要高职院校和企业加强协调合作，共同推进人才培养，以满足经济发展的需要。为了达到双方的共同目标，双方需要积极探索、协调各方利益，制订明确的合作计划和制度，以共建合作共赢的关系。

3.3.2.2　学生实践与高职院校教学之间的矛盾

在高职教育中，学生实践与高职院校教学之间的矛盾，在很大程度上源自高职教育体系中高职院校和企业之间的协同不足。

首先，在学生实践过程中，通常会出现高职院校教学提供的理论知识与实际工作需要的技能和经验脱节。学生在高职院校学习到纯理论知识之后，无法在实践当中运用自如，这会影响他们在实际工作中的职业能力表现。

其次，在高职教育中，实践教学往往依赖于企业提供实习机会。然而，由于员工培训成本较高，企业普遍难以提供满足高职院校学生实践需要的充足的实习机会。这就导致学生在高职院校接受的实践教学时间不足，进而限制了学生实际职业技能的发展。

最后，学生在高职院校接受的教育，有时比仅学习专业的理论知识更为传统，缺乏新兴技术和创新理念的前瞻性。在当前快速发展的时代背景下，这样的传统教育模式已经不能满足实际工作需要，也不能满足学生自身的求知欲望。

因此，在高职教育中，高职院校应该加强与企业、行业之间的联系和合作，引入各种新兴技术和创新观念，持续改进和丰富实践教学，帮助学生更好地进入实际工作领域。同时，在高职教育中，学生还需要加强自我学习，拓宽视野，积极掌握最新的专业技术，为自己的职业生涯打下稳固的基础。

3.3.2.3　企业和高职院校的权益分配问题

在高职教育中，企业和高职院校是紧密相关的两个主体。企业提供就业岗位、实习机会和职业技能培训，高职院校则提供职业技能教育和专业知识讲授。

然而，企业和高职院校在高职教育中的权益分配问题一直是困扰职业教育和产业界的一个难题。从企业的角度来看，它们为高职教育提供了许多资源和支持，包括企业实践基地、实习指导、就业渠道等，但是它们的贡献和收益之间的平衡一直存在问题。有些企业认为自己的付出没有被充分认可，而高职院校则往往倾向于保护自己的利益。从高职院校的角度来看，它们作为教育的提供者和知识的传授者，负责培养出高素质的职业技能型人才，但是在与企业合作过程中，它们需要考虑自身的利益和声誉。如果高职院校过度依赖企业，则可能导致教育质量下降和学校声誉受损。因此，在高职院校与企业合作时，需要平衡好两者的利益，实现互惠互利。

要想解决企业和高职院校权益分配问题，需要在高职教育产教融合中建立合理的合作机制。具体而言，可以采取以下措施。

首先，建立共同的协议和合同，明确双方的权利和义务，并制定具体的实施手册。

其次，对企业在高职教育中的投入和贡献给予充分的肯定与回报，如提供优先招聘、高薪聘用等待遇。

再次，建立专门的企业导师制度，由企业派出专门的人员指导学生进行实习和课程学习。同时，高职院校也应该为企业导师制订合适的培训计划和培训课程。

复次，建设完善的实习基地和实践教学场所，为学生提供更好的实际操作和实践机会。

最后，加强高职院校与企业的沟通和合作，积极响应企业的需求和要求，同时评估企业的贡献和学生的学习效果。

总之，企业和高职院校在高职教育中应该以互利共赢为原则，合理分配权益。只有建立起公正、合理的合作机制，才能满足企业的需求，并为学生提供更好的培养环境，提高教育质量。

3.3.2.4　企业培养需求与学校教育目标之间的矛盾

在高职教育产教融合的过程中，高职院校和企业之间存在一定的矛盾。企业在参与高职教育产教融合时，通常会提出一些培养需求，如培养具有特定技能、能够熟练运用某些软件或工具的人才等。而高职院校的教育目标通常偏向于对学生的综合素质和创新能力的培养，涉及的知识面广、程度深。

两者的目标存在一定的矛盾，企业的培养需求更加具体，高职院校的教育目标更加宏观。这就需要高职院校在设计教育方案时，对产业需求进行分析，以确保培养的学生具备企业所需的具体技能和实践经验。

此外，企业更注重实际效果和产出，高职院校则强调学生的综合素质和未来的发展。因此，在教学过程中，高职院校需要与企业建立良好的对接机制，让企业了解学生的学习情况，提供教育反馈，并以此为基础调整培养方案。

总之，在高职教育产教融合中，只有解决了高职院校和企业间培养需求与教育目标的矛盾，并使二者充分协同，才能培养出满足市场和社会需要的高素质人才。

3.3.2.5　教师与企业对接的能力水平不高

高职教育产教融合是促进高职教育与企业紧密结合，以满足行业需求和培养合格人才为目的的一种教育形式。在这样的背景下，需要提高教师与企业对接的能力和水平，以更好地推动产教融合发展。如何提高教师的企业对接能力和水平，是一个很重要的问题。因此，针对该问题，可以从以下几个方面加以改进。

（1）教师要加强与企业的联系和合作。

首先，教师需要了解企业的需求。企业作为社会最基本的组织之一，肩负着生产、经营、履行社会责任等多种职责，在人才培养方面有着自己的需求。比如，某些企业可能更需要高技能人才，如机械工程师、软件工程师等。因此，教师要了解这些企业的招聘需求，为学生提供相应的专业培训。

其次，教师应该积极与企业联系和洽谈，与企业建立起良好的合作关系。教师可以通过多种方式向企业推销自己的教育教学服务，并针对企业的需求进行相关的课程开发和设计。同时，教师和企业的合作关系可以是互惠互利的，如企业可以提供实习机会和实践项目给学生，教师则可以给予企业针对学生的专业培训、技术咨询等服务。

最后，教师应该充分利用企业甚至同行的优势，增强教学内容的实践性和实用性。这不仅有助于学生做到学以致用，而且能促进教师职业生涯的长远发展。企业拥有更加实际的经验与资源，教师与企业的合作有助于实现教学中理论与实践的融合，促进学生学习效果的提高。教师也可以结识同行，在教学方法、课程设计等方面进行合作和交流，提高自身的教学素质。

教师与企业的紧密联系和合作不仅有助于学生获得更具实践性和实用性的教育资源与机会，还有助于教师促进自身职业发展。

（2）教师要经常走出校园，深入企业实地调研。

为了更好地了解企业的工作流程、业务、岗位和行业现状，教师应该走出校园，深入企业进行实地调研和观察。通过实践了解企业的真实情况和教学现状，调整教学内容和方式，让学生学到更多的实用技能和知识，帮助学生更好地了解职业发展方向和要求。

首先，深入企业实地调研可以帮助教师更好地认识企业。通过实地调研，教师可以了解企业的组织架构、人才需求、发展情况等，为更好地开展教学工作提供依据。

其次，深入企业实地调研可以帮助教师了解不同企业业务和行业情况。教师可以借助企业实地调研的机会，了解不同企业和行业的特点，注重培养专业人才，尤其是对人才专业职业素养的塑造，进而确定教学内容和方向。

最后，深入企业实地调研可以帮助教师提高实践能力。通过亲身体验，教师可以从企业的工作流程、岗位要求和现代科技等方面深入了解企业的运作模式，通过实际体验提升自身的专业素养，为学生提供更好的教学资源和指导。

走出校园，深入企业实地调研是一种重要的教育手段。教师通过实践了解企业的真实情况和行业现状，调整教学内容和方式，提升学生的实际应用能力和综合素质，为学生的就业发展和职业选择提供有力支持。

（3）教师要提高与产业界的学术交流频率。

教师应该积极参加产业界的学术交流活动，开展多方面的合作。通过交流与沟通，了解产业界的需求，引入实际案例和项目，为学生提供更具参考性和实际效果的教育。

具体来看，学校与企业应该加强互动与合作，建立实习和就业联盟，为学生提供更多实习机会和就业机会，让他们能够更深入地了解产业界的运作方式和需求，消除产业机构与学术研究领域之间的隔阂。

此外，教师还可以通过共同研究项目或赞助研究计划的方式，促进学术研究与产业现场的联系，推动学术成果向实际运用的转化。

总之，通过提高与产业界的学术交流频率，教师可以帮助学生更好地融入现实世界，提高学生的就业竞争力，也可以推动产业界的创新与发展。

（4）开展企业导师计划。

为了更好地促进教育和产业融合，教师可以开展企业导师计划。该计划会使学生有更好的机会去更深入、实质性地联系企业，学习企业的工作方式和专业知识，并在学期结束后与企业建立长期合作关系。通过该计划，学生可以更好地以参与者的身份了解企业工作，并且在就业时获得巨大帮助。

第一，企业导师计划是一项非常重要的计划，可以帮助学生更好地融入企业的工作环境，学习企业的运作方式和专业知识。该计划旨在将学生与企业联系起来，促进产学研合作，让学生在实践中感受职业生涯的多样性。

企业导师计划的推行是需要一定条件的，首先要有一个专业的导师团队。导师要具有丰富的互联网或其他行业工作经验，能够为学生提供实际的指导和支持。其次要有一个完善的学习计划。这个计划要能够帮助学生更好地了解企业的运作方式、行业发展趋势和具体工作技能等，让学生在实践中得到锻炼，培养自己的职业能力。最后要有一定的资金和资源支持。这些资源包括企业实践基地、设备、材料等，可以为学生提供更好的实践环境和条件。

在实施企业导师计划的过程中，需要注意以下几点。首先，要设计一个合适的匹配流程，将学生与最适合的企业导师进行匹配，以便学生能最大限度受益。其次，要建立一个有效的工作反馈机制，既要及时了解学生的实际情况，也要及时了解企业的反馈意见，以便及时调整学习计划。最后，要规范学生实践活动的管理流程，包括签订实习协议、颁发实践证书等，以便学生在日后的求职中能够展现自己的实践经历和能力。

第二，企业导师计划是一项非常有价值的计划，可以为学生提供更好的实践机会，帮助他们更好地融入职场，成为职场中的一员；也可以为企业提供新的人才来源，促进产学研合作，推动产业发展。

（5）确立长效机制，持续推进产教融合。

为了实现高职教育产教融合的长期发展，教师需要确立长效机制，建立教育与行业之间的持续联系。产教融合需要不断调整和改进，教师应该通过每年作出专业规划，建立产教融合的深度合作机制。

教师应该通过加强与企业的联系、进行深入调查研究、加强产业界的学术交流、开展企业导师计划、确立长效机制等关键举措，提高自身与企业对接的能力和水平，推动高职教育产教融合迈向更高的发展阶段。为了实现高职教育产教融合的长期发展，教师需要采取持续措施和建立长效机制推进产教融合。

首先，教师需要每年制定专业规划，及时调整和改进产教融合的内容和方式，以适应产业发展的变化。教师应该密切联系产业界，了解最新的技术发展和市场需求，为学生提供具有前瞻性和针对性的培训。

其次，教师需要加强与企业的联系，积极开展调查研究，并与产业界展开学术交流。这样有助于教师更好地了解企业的需求和发展瓶颈，以便更好地为学生提供有针对性的培训方案和实践机会；也能够让教师紧跟产业发展的最新动态，为学生的就业和职业发展提供更全面和专业的支持。

再次，教师要积极为学生提供更多的实际操作经验和职业发展指导。通过与企业建立深度合作关系，教师可以有效地搭建高校与产业之间的桥梁，促进教育和产业的优势互补与合作共赢。通过这样的方式，高职教育产教融合将会得到更好的推进和加强。

最后，教师要确立长效的机制推进产教融合，以保障产教融合的可持续发展。这需要制定相关政策和规章制度，建立产业界与高职院校之间的交流平台，以及开展有针对性的培训和继续教育项目。同时，还需要建立完善的考核和评估机制，监测产教融合的实施效果和质量，并及时进行调整和改进，以推动高职教育产教融合取得更高水平的发展。

3.3.3　高职教育产教融合的推进策略

3.3.3.1　政府角色

作为高职教育产教融合的主导方，政府应该加强政策引导和统筹协调，建立有效的政策体系，鼓励和支持企业与高职院校之间的合作，加强产业与教育的联系。

从政策上来说，政府应该加大对高职教育产教融合的支持力度，制定相关政策，将产教融合列为高职教育改革的重点。具体来说，政府可以出台一些支持政策，如减免企业在高职院校举办的技能培训税收；优化高职院校毕业生落户政策，在企业内就业的学生可以享受更优惠的政策；建立高职教育产教融合奖励机制，鼓励高职院校和企业深度合作，共同培养人才，推动产业发展。此外，政府还要加强统筹协调，建立效益分配机制，让企业和高职院校在教育教学、科研合作、人才培养等方面达成共识，形成共赢局面。在企业和高职院校之间，政府可以建立更加完善的沟通渠道与合作平台，以创新人才培养模式，推进产业转型升级，激发创新创业活力。此外，还可以充分发挥各地的产业优势，积极探索区域高职教育产教融合的新模式，建立以区域为基础的产教融合平台，改善地方就业环境。

因此，政府在高职教育产教融合中发挥着关键的引导和协调作用，需要整合各方资源，建立良好的政策体系和平台，发挥政策引导和资金支持作用，引导产业和教育深度融合，促进高职教育发展和产业升级。

3.3.3.2 高职院校角色

作为高职教育产教融合的一个重要主体，高职院校应该积极开展与产教融合相关的活动，根据企业需求精心设计课程，建立产教联盟，探索各类合作模式，全方位提高人才培养质量。同时，加强师资队伍建设，增加教师的实践经验，加大实践基地建设力度，为产教融合提供更好的支撑。因此，高职院校应该与企业密切合作，提高人才培养质量，为社会经济发展提供有力的支撑。

首先，高职院校应该根据企业需求精心设计课程。通过与企业合作，高职院校可以更好地了解企业的需求，调整教学内容和方式，使学生学习到更实用、更有价值的知识和技能，提高学生的就业竞争力。此外，高职院校还应该建立产教联盟，吸引更多企业参与课程设计，共同推进课程的优化和改进。

其次，高职院校应该探索各类合作模式。如通过联合培养、轮岗实习等方式，使学生真正参与到企业中，深入了解企业的运营模式、管理模式、技术创新等方面的知识和经验。此外，高职院校还可以与企业合作开展创新型人才培养计划，共同研发新产品或解决实际问题，提高学生的创新能力和实践能力。

再次，高职院校应该加强师资队伍建设，增加教师的实践经验。教师应该不断跟进市场需求和企业动态，不断完善自己的职业技能和教学方式。此外，高职院校还应该加大实践基地建设力度，为产教融合提供更好的支撑。高职院校可以与企业合作，共建实验室、实践基地等，为学生提供更好的实践性教育平台。

最后，产教融合应该是双向互动的过程，高职院校和企业应该共同探索、共同实践，不断优化合作模式和课程设计，提高人才培养质量，推动社会经济发展。

3.3.3.3 企业角色

作为高职教育产教融合的另一个重要主体，企业应积极主动地与高职院校联系与合作，参与高职院校课程建设、实训基地建设和学生培训等，提高高职教育实践强度，提高学生就业竞争力。与此同时，高职教育是产教融合的重要一环，企业参与其中具有不可替代的作用。

首先，企业可以通过参与高职教育的课程建设，为学生提供实际工作领域的知识和技能，这对于学生步入工作岗位后的实际工作非常有帮助。企业可以根据自身经验和需求参与课程建设，提供就业市场上实用的专业技能和行业知识，让学生在课堂上就能提前了解实际应用中存在的问题，从而加深对知识的理解和记忆。

其次，企业可以参与实训基地的建设，为学生提供更实际的环境和资源，让学生可以在实际场景中学习和实践。企业可以提供真实的岗位和环境，搭建实践的平台，使学生的知识能够和工作实际紧密结合起来，帮助学生提升自己的技能和综合素质。

最后，企业可以参与学生的培训和就业安置，为学生提供就业机会和就业平台。企业可以与高职院校合作，开设就业课程，提供就业指导，并为学生提供实际应用的渠道和资源，特别是为毕业生提供岗位推荐服务以及协助学生找到合适的就业机会。在产教融合的过程中，企业的参与不仅有助于提高高职教育的实用性和就业率，而且可以充实企业的人才和技术库，为企业的发展注入新的活力和动力。因此，为了促进高职教育的发展，企业应该积极响应政府号召，主动加入产教融合的大家庭，为高职教育和自身发展作出积极的贡献。

3.3.3.4 教师角色

作为高职教育产教融合的重要参与者和执行者，教师需要提高自身教学能力，并不断探究与企业合作、走进企业和行业的机会，以更好地将企业的需求融入课堂教学。

首先，教师扮演着培养未来人才的重要角色，需要不断提升自身的教学能力，以更好地满足企业和社会的需求。为此，教师应该注重研究最新的教育理念，并通过不断学习、不断实践，完善自己的教学方法和手段。这不仅能提高教学的实际效果，还能帮助学生更好地了解职业发展和行业趋势，增强就业竞争力。

其次，为了实现与企业的合作，教师需要加强与企业的联系和沟通，了解企业的需求和标准，同时培养学生的实践能力，鼓励他们积极参与企业项目和实习活动。

教师的教学能力和与企业合作的能力是相辅相成的，只有不断提高自身的专业能力，才能更好地培养具有实践能力和创新精神的高质量人才，为企业和社会作出更大贡献。

3.3.3.5 学生角色

作为受益者，学生应该将自己的知识和技能应用于实际项目中，更好地了解行业的发展方向，积累实战经验，实现自身的职业规划。此外，参与实践项目也能让学生更好地了解自己的优势和不足，并寻找提高自身能力的方法和途径，提高综合素质和就业竞争力。

首先，参与实践项目可以帮助学生更好地了解和运用所学的知识技能。通过实践，学生可以将课堂学习掌握的理论知识转化为实际运用的技能，增强自己的专业素养和应用能力。此外，实践项目也能让学生掌握新技术和新业务，不断拓宽自己的视野，提高自身综合素质，更好地满足社会和行业的需求。

其次，参与实践项目有助于学生的职业规划和发展。通过了解实践项目的需求和行业的发展趋势，学生可以更好地确定自身的职业规划，并根据职业发展方向做好准备。此外，参与实践项目还可以使学生扩展人脉、扩充资源，增加职业发展的途径和机会。

最后，参与实践项目有助于学生寻找提高自身能力的方法和途径。通过实践，学生可以更好地了解自己在工作和学习中存在的问题，并寻找提高自身能力的方法和途径。此外，参与实践项目也能让学生更好地了解自己的职业兴趣和价值观，更好地选择自己的职业定位和发展方向。作为参与者，学生应该积极地在实践项目中积累经验，探索行业发展方向，将所学理论知识与实践应用相结合，提高应变能力和综合素养。

3.4　中外产教融合发展的经验借鉴

随着国家实施“产教融合”政策，越来越多的高校开始积极推进产教融合，以满足现代企业对高素质人才的需求。在这个过程中，国内外高校产教融合发展经验有很多值得借鉴的地方。

3.4.1　美国：职业学校与高科技企业合作办学

美国的产教融合经验可以从职业学校与高科技企业的合作中得到体现。在美国，职业学校与企业合作，提供与当前市场需求相适应的教育培训，以帮助学生更好地适应职业发展。

一个典型的例子是苹果公司与 San Mateo County 职业技术教育中心的合作。他们开发了一门 IOS 技术培训课程，旨在培养出合格的 IOS 程序员。这门课程的内容和教学方式都是基于苹果公司的技术需求与标准制定的。通过与企业合作，职业技术教育中心能够及时了解苹果公司对程序员的需求，并根据这些需求调整和更新课程内容，确保学生在学习过程中掌握的知识和技能与实际工作需求相匹配。

另一个典型的例子是 Equity Trust 与加州大学洛杉矶分校的合作。Equity Trust 是一家专注于退休金账户的金融科技公司，它与加州大学洛杉矶分校合作开发了一个数字交易平台，以支持自主退休计划。通过与学校合作，Equity Trust 得以利用学校的资源和专业知识，开发出一种符合市场需求的金融科技产品，并为学生提供实践机会，使他们在学习过程中能够直接参与到实际项目中，提高他们的实践能力和就业竞争力。

此外，美国的高科技企业非常注重对人才流动性的支持。例如，优步、谷歌等企业在招聘方面提供了方便快捷的招聘平台，使人才能够更好地与企业对接。它们还与高等教育机构合作，为学生提供实习和就业机会，促进教育与产业的融合。

总之，美国的产教融合注重职业学校与企业合作，通过与高科技企业合作开发适应市场需求的教育培训课程，提供实践机会，以培养出符合产业需求的人才。同时，高科技企业也为人才提供了更多的就业机会和发展空间。

3.4.2 德国："产学研"三位一体

德国的产教融合采用了"产学研"三位一体的模式，即将产业、学术和研究紧密结合起来，形成一个全面的人才培养体系。

在德国，产业界与高等教育机构之间的合作比较密切。一个典型的例子是汉堡的费劳恩霍夫应用材料和工艺研究院与汉堡工艺大学之间的合作。费劳恩霍夫应用材料和工艺研究院是德国最大的应用科学研究机构之一，致力于将科学知识转化为实际产品和解决方案。汉堡工艺大学则是一所应用科学大学，专注于工程技术和管理方面的教育。二者的合作能够充分利用费劳恩霍夫应用材料和工艺研究院的科学知识与实验设备，以及汉堡工艺大学的学术资源，共同培养出大量高端科技人才。这种合作促进了汉堡地区的科技创新和发展，为产业提供了源源不断的人力资源。

此外，德国的产教融合还体现在大学与企业之间的合作。德国的大学与企业合作非常紧密，学生可以在学习期间获得实习和实践机会，提升实践能力和就业竞争力。德国的大学还积极开展与企业的研究合作，共同研创项目，推动科技进步和产业发展。

德国的产教融合倡导"产学研"三位一体，通过产业界、高等教育机构和研究机构之间的紧密合作，形成了一个强有力的人才孵化系统。这个系统能够有效地培养出符合产业需求的高端人才，推动科技创新和产业发展。德国的经验为其他国家和地区的产教融合提供了有益的启示与借鉴。

3.4.3　日本：企业、政府、高等教育机构合作

日本的产教融合以企业、政府和高等教育机构三者的合作为核心，旨在促进产业的发展和人才的培养。

JIN（Japan Institute of NDT）是一个典型的例子，它是由大量高校教授、政府官员和企业家合作建立的非破坏性检测技术推广机构。该机构的成员来自不同领域，包括高等教育机构的教授、政府官员以及行业内的企业家。他们共同推广和传播非破坏性检测技术在各个行业的应用。这种合作使JIN能够具备不同领域的专业知识和资源，能够更好地了解产业的需求，并提供相应的培训、研究和技术支持服务。

此外，日本的产教融合还体现在企业、政府和高等教育机构之间的合作项目。政府会与企业和高等教育机构合作，实施产业发展和人才培养计划。例如，日本的产学合作计划（Industry-Academia Collaboration Program）就是由政府主导的合作计划，旨在促进产业创新和人才培养。在这个计划中，政府为企业和高等教育机构提供资金与政策支持，促进它们在技术研发、教育培训等方面开展合作，推动产业的创新和发展。

日本的产教融合主要通过企业、政府和高等教育机构的三方合作实现。这种合作能够整合不同的资源和专业知识，推动产业的发展和人才的培养。日本的经验也为其他国家和地区的产教融合提供了有益的启示与借鉴。

3.4.4　中国：企业与高校合作办学

中国的产教融合在很大程度上是由企业主导的。目前，很多大企业会与高校合作，举办各种专业技能培训班和提供实习机会，帮助大学生更好地适应市场需求。通过与企业合作，高校可以更好地了解市场需求，调整专业设置和培养方案，使学生更具就业竞争力。

一个典型的例子是阿里巴巴和浙江大学合作创办的“阿里巴巴工程师（AE）计划”。该计划每年选拔一批有创新能力和技术潜力的大学生，在

阿里巴巴云计算领域进行实践和培养。通过与阿里巴巴的合作，学生能够接触到先进的技术和行业实践，提升自己的实践能力和综合素质。这种合作不仅有利于学生个人的职业发展，也有利于企业获取和培养高素质人才。

华为也长期与高校保持实践项目、培训项目等方面的一系列合作，打造人才生态系统。华为与高校合作举办技术研讨会、开展科研项目、提供实习机会等，使学生可以接触到最新的技术和行业动态，培养适应市场需求的能力。此外，华为还与高校合作办学，共同设立研究院和工程实践基地，提供师资等各种资源支持，培养高素质的工程技术人才。

除此之外，中国的一些大型企业还与地方政府和高校建立合作伙伴关系，共同推动产教融合。企业可以提供实习机会、技术支持和资金支持，高校则能够为企业提供人才培养和科研支持。这种合作模式促进了企业与高校之间的密切互动，推动了高等教育的实践教学和产业应用。

企业与高校合作办学发挥了重要作用。这种合作模式能够提高学生的实践能力和就业竞争力，同时，有助于企业获取和培养高素质的人才。随着中国产教融合的不断深入发展，企业与高校的合作将在培养人才和推动产业发展方面发挥更大的作用。

无论是国内还是国外，高校产教融合发展的经验都值得借鉴。只有不断尝试新的模式，勇于探索，深入合作，才能更好地推进产教融合战略有效落实，为培养高素质人才和促进国家经济发展作出贡献。

本章小结

本章主要介绍了高职教育产教融合的现状与问题的相关内容，涉及高职教育产教融合的发展历程、高职教育产教融合的研究现状、高职教育产教融合的基本模式及问题分析、中外产教融合发展的经验借鉴等方面的知识。

首先，本章介绍了高职教育产教融合发展历程的特点。高职教育产教融合是近年来国家推动高职教育改革的重要内容。在改革过程中，国家开始注重产业链的完善，提升教育质量，培养符合产业需求的专业人才。历经一系列改革，高职教育与产业融合的方案成为国家教育政策的基础。

其次，本章介绍了高职教育产教融合的研究现状。该内容从国内和国外有关高职教育的研究展开，分析了目前有关高职教育的产教融合研究的探索，在国内，高职教育产教融合已被列为国家政策，各省份也开展了多种形式的产教融合实践。当前，国内高职院校主要关注的研究领域包括产教融合模式研究、人才培养模式创新研究、创新创业教育研究、挖掘和利用产学研合作资源研究等。国外有关高职教育产教融合的研究也在不断深入，欧洲先进的高职教育体系和产教融合实践已成为其他国家学习的榜样。美国则注重大学和企业间的合作，建立了产学研合作体系，为学生提供更多实践经验和就业机会。综合来看，高职教育产教融合的研究需要充分融入国际化视野，结合国内外实践进行深度剖析，提出相应的建议和措施，为高职教育的改革和发展提供有力的支撑。

再次，本章对高职教育产教融合的基本模式及问题进行了分析。高职教育产教融合的基本模式主要包括课堂教学与企业实践相结合的模式、学校与企业联合培养的模式、企业委派专家参与教学的模式、企业提供实践场地和设备的模式。高职教育产教融合的问题主要包括学校与企业合作的难点和不足、学生实践与学校教学之间的矛盾、企业和学校的权益分配、企业培养需求与学校教育目标之间的矛盾、教师与企业对接的能力和水平。针对以上问题，本章分别从政府、高校、企业、教师、学生的角色展开了分析。

最后，本章介绍了中外产教融合发展的经验借鉴。在高校产教合作中，发达国家高校在专业设置、管理模式、实践教育、教学团队建设等方面有着成熟的经验和整合方案。

总之，高职教育产教融合旨在适应市场需求，提高就业率，为社会提供更多具有专业技能与职业素养的人才。政府、高校、企业三方互通，协助推动高职教育产教融合改革，吸引具有专业领域优势的人才，促进对人才的挖掘与培养，继续实现长远规划，为人才发展创造更多的机遇和更大的发展空间。

第4章

面向海南自贸港建设的产教融合人才培养模式

4.1 海南自贸港建设的新商贸人才需求分析

海南自贸港建设是习近平总书记亲自谋划、亲自部署、亲自推动的改革开放重大举措和国际战略，以《中共中央　国务院关于支持海南全面深化改革开放的指导意见》、《海南自由贸易港建设总体方案》（以下简称《总体方案》）、《中华人民共和国海南自由贸易港法》等纲领性文件为指引，分步骤、分阶段建立海南自贸港政策制度体系。

《总体方案》对海南的规划可以概括为“6+1+4”，“6”就是贸易自由便利、投资自由便利、跨境资金流动自由便利、人员进出自由便利、运输来往自由便利、数据安全有序流动，“1”就是构建现代产业体系（大力发展旅游业、现代服务业和高新技术产业），“4”就是要加强税收、社会治理、法治、风险防控四个方面的制度建设。其中，贸易自由便利和投资自由便利是海南对外开放布局的核心。在贸易自由便利方面，实行以“零关税”为基本特征的自由化、便利化制度安排，对服务贸易“既准入又准营”。在投资自由便利方面，大幅放宽海南自由贸易市场准入，实行“非禁即入”制。

2021年8月2日，国务院印发《关于推进自由贸易试验区贸易投资便利化改革创新的若干措施》，明确指出以制度创新为核心，积极发挥改革的突破和先导作用，加快对外开放高地建设，推动加快构建以国内大循环为主体、国内国际双循环相互促进的新发展格局。在贯彻落实国务院文件的基础上，海南自贸港将与各个自由贸易试验区一起，进一步深化政策内涵，构建新发展格局，加快推进高水平对外开放，促进外向型经济高质量发展。

在这一发展背景下，随着海南自贸港建设的不断深化，对商贸人才的需求量也越来越大。2022 年 9 月 15 日，海南省政府发布《海南自由贸易港享受个人所得税优惠政策高端紧缺人才清单管理暂行办法》，对紧缺人才目录、人才认定部门等细节进行了修订。该暂行办法也一并公布了《海南自由贸易港紧缺人才行业需求目录》，明确指出旅游业、现代服务业、高新技术产业三大产业技能技术骨干和管理人才属于紧缺人才范围。其中，第二大类紧缺人才“现代服务业技术技能骨干和管理人才”中所列的商务谈判人才、国际贸易救济人才、物流企业经营管理人才、物流业研究人才、物流项目开发人才、物流园区配送中心规划设计人才、物流计划工程师、供应链专员、国际采购经理、国际货代管理师、关务专员等同国际经济与贸易专业群专业高度吻合。

海南建设自贸港，面临着贸易结构大调整，除了对商贸人才总量的需求持续攀升之外，人才需求结构也将发生较大变化，企业迫切需要大批新商贸技术技能人才，同时对商贸人才培养提出了新要求。新商贸人才供给不足是海南自贸港建设过程中的一大阻碍。但当前海南商贸专业人才培养模式还存在着师资队伍基础薄弱、专业实践应用能力不突出、校企合作发展不充分、难以满足当前相应岗位群的新商贸人才需求等问题。原来基于专业岗位需要的人才培养模式已难以满足当前相应岗位群的新商贸人才需求，高标准建设国际经济与贸易专业群是实现新商贸人才供给侧和自由贸易产业需求侧结构要素全方位融合的必然选择。

4.2　国际经济与贸易专业群的课程体系设计

国际经济与贸易活动是商流、物流、信息流与资金流的完整结合。以自由贸易为主线，以跨境贸易操作、关务服务与管理、智慧物流服务、跨境电商、商务管理、连锁经营与管理等岗位群共同支撑海南自贸港建设。

4.2.1　专业群组群逻辑

4.2.1.1　产业结构逻辑：基于海南自贸港建设的现代服务业人才需求确定培养定位

《总体方案》确定了海南自贸港建设的“3+1”重点产业，即在大力发展旅游业、现代服务业和高新技术产业三大主导产业的基础上，将热带特色高效农业这一产业纳入鼓励发展的范畴。海南已初步形成以这四大产业为主导的现代化产业体系。在现代化产业体系建设过程中，2022年，海南四大主导产业占海南GDP比重达70%，较2018年提高了17个百分点。其中现代服务业增加值占GDP比重有所提升，为31.2%。面对新变化，企业需要具有全面知识、综合能力强的新商贸人才为之提供更便捷、更高效的专业服务。专业群面临着构建全面适应产业升级需要的人才培养模式的挑战，基于此，需要基于现代服务业发展需求构建与人才需求相符合的专业群体系。该专业群体系以海南自贸港建设的现代服务业人才需求为导向，以服务产业发展为目标，以大数据思维和大数据应用为切入点，通过全面的市场调研，对已有专业进行重组、改造、升级，以确定满足基于海南自贸港建设的现代服务业人才需求的培养定位。

4.2.1.2　岗位需求逻辑：根据海南自贸港的相关岗位群需求组群

国际经济与贸易专业群培养的人才服务面向现代服务业，密切对接海南自贸港建设中对新商贸人才的需求，毕业生主要集中于海南自贸港的跨境贸易岗位群、关务服务与管理岗位群、智慧物流服务岗位群、跨境电商岗位群，是支撑海南自由贸易发展的重要力量。

4.2.1.3 知识统整逻辑：群内专业分工合作、共同服务“国际旅游消费中心”建设

国际经济与贸易专业群围绕自由贸易活动主线，将已有专业从师资队伍、教学资源、合作企业等方面加以整合，实现共建共享，分工合作，特色发展，共同服务海南自贸港建设领域。专业群中各专业基础相通［如经济学基础、市场营销、国际贸易理论与实务、会计学基础、商务沟通（中英文）等知识相通］，服务面向海南自贸港建设中的相关核心工作领域（如跨境贸易操作、关务服务与管理、智慧物流服务和跨境电子商务等岗位群）；以群共享核心课程（如供应链管理、会展实务、商务数据分析与应用等）为纽带，通过集聚、共享、创新，实现群内专业集约、协同发展，以期为海南自贸港建设提供更全面的新商贸人才供给和行业服务供给，切实增强支撑海南自贸港经济发展的能力。

4.2.2 岗课赛证综合育人的课程体系设计

4.2.2.1 岗位需求导向

（1）国际经济与贸易专业。

国际经济与贸易专业培养适应“一带一路”倡议、国家自由贸易区发展战略和海南自贸港建设需要，具有良好职业道德和综合素养，面向涉外工贸及商贸流通企业、跨境电商企业、国际货代物流企业等的一线业务和管理岗位，具有较强可持续发展能力的高素质、高层次技术技能型人才。

公共通识基础以培养学生的思想素养、身心素养和通用职业能力为主要目的，旨在帮助学生对自己的兴趣、性格、能力和价值观等因素进行探索，对职业世界进行探索，使学生拥有良好的职业素养；专业基础课程为必修课，主要为专业学习必需的知识、基础能力、基本技能类课程，使学生对专业具有初步的认识，以培养学生的职业基础能力为主要目的，旨在

培养学生对专业的兴趣和认识，为学好职业核心课打好基础；专业核心课程为必修课，是掌握专业关键能力必需的操作类、能力培养类课程，使学生具备在本专业培养岗位范围内就业的能力；专业能力拓展课为选修课，按照职业生涯的发展要求，以开阔学生的职业视野、扩大就业岗位范围为主要目的，旨在帮助学生在专业之外触类旁通，具备一定的学习迁移能力；毕业顶岗实习采取学院安排和学生自主联系相结合的方法确定实习单位，学生到工作岗位按公司要求明确工作职责，参加专业基本技能训练，掌握专业和岗位的基本技能。

（2）关务与外贸服务专业。

关务与外贸服务专业对接中国特色海南自贸港以及中国自由贸易试验区建设要求，对接跨境贸易通关操作发展新方式、新规范、新技术，以培养学生从事通关领域职业岗位工作的综合素质为主线，以校企合作和工学结合为出发点，构建包括“公共基础课”“公共拓展课”“专业基础课”“专业核心课”“专业拓展课”五大模块、基于岗位工作任务能力路线设计的理论与实践一体化课程体系。通过校内外结合、多层次且全方位的认知实习、专业实习和顶岗实习，形成“分层实践，梯次提升”的实践课程体系。开设第二课堂，坚持素质教育与专业教育相结合。推行“1+X”证书制度，实现专业课程内容与职业标准对接，使学生具备满足岗位群工作任务需要的基础知识和基础技能，提升学生的职业发展能力和就业能力，全面推进学生职业素质和专业技能的培养，实现高素质技术技能型专门人才的培养目标。

（3）现代物流管理专业。

现代物流管理专业对接海南自贸港建设要求，对接现代物流产业发展新业态、新规范、新技术，对接现代物流产业与新一代信息技术融合的新形势，以培养学生从事现代物流管理职业岗位工作的综合素质为主线，以校企合作和工学结合为出发点，构建包括“公共基础课”“专业基础课”“专业核心课”“专业拓展课”四大模块、基于岗位工作任务能力路线设计的理论与实践一体化课程体系。通过校内外结合、多层次且全方位的认知实习、专业实习和顶岗实习，形成一个“分层实践，梯次提升”的实践课程体系。开设第二课堂，坚持素质教育与专业教育相结合。推行“1+X”证书制度，实现专业课程内容与职业标准对接，使学生具备满足岗位群工作任务需要的基础知识和基础技能，提升学生的职业发展能力和就业能力，同时全面推进对学生职业素质和专业技能的培养，以实现培养高素质复合型、创新型技术技能人才的目标。

（4）电子商务专业。

电子商务专业旨在培养适应海南自贸港建设，具有职业精神、专业精神和工匠精神的学生，以综合服务国际旅游消费中心建设的电子商务能力养成为核心目标，分阶段组织教学，逐步提高学生的技术技能水平。

电子商务专业课程体系主要包括三大类内容：第一类为专业基础课程资源，如德育课程、美育课程、身心健康课程、职业规划课程、经济学基础、管理学基础、国际贸易理论与实务、市场营销基础和商务沟通等；第二类为电子商务核心岗位专业能力提升及训练课程资源，如网络营销、视频编辑、商品图片拍摄与处理、商务数据分析与应用、商务网页设计与制作、网店美工等；第三类为专业岗位综合能力的训练资源，如网店运营推广综合训练、新媒体营销实训、电商直播运营和网络创业等。在不同的培养目标要求下，教师对课程资源内容和教学模块作出恰当的课时安排，实行产教融合，使学生的产业思维、行业素养、专业能力、职业技能迁移能力等进一步延伸、内化为从事现代新商贸工作的综合能力，以实现职业可持续发展的纵向拓展。

（5）商务管理专业。

商务管理专业对接海南自贸港建设要求、对接产业发展新业态、对接产业与互联网融合发展趋势、对接国际化办学要求，通过对学生进行多层次全方位的培养，提升学生的人文素质，使其达到职业岗位要求，增强其岗位工作能力和岗位适应能力，提升其职业发展能力和就业能力。

每门核心课程选取若干项目或任务作为教学的载体，将岗位工作融入项目或任务训练中。通过由浅入深、由单项到综合的实训，把理论和实践紧密结合起来，实现课程与工作岗位的无缝对接。开设第二课堂，开展诚信教育，让“立德树人”的教育理念体现在每一堂课上，并贯穿教育教学的全过程。推行“双证书”制度，实现专业课程内容与职业标准对接，培养学生具备敬业精神、团队精神和终身学习的理念与能力，全面推进学生职业素质和专业技能培养，实现高素质技术技能型专门人才的培养目标。

（6）连锁经营与管理专业。

新经济区别于以产品经济为主体的工业经济的人才需求，更重视知识商品、品牌商品、权益商品、企业总体作为商品、社会总体资源组合作为商品等新经济商业形态的营销与管理。新经济呼唤新的商业模式，连锁经营是其中的主流发展模式，特许经营管理是一个复合型且具实践性、国际领先性的新学科。连锁经营与管理专业培养系统掌握连锁经营基本理论的国际型、实用型、复合型、创新型专门人才；同时，注重毕业生后续发展及能力培养，针对行业未来发展需要，在使学生掌握专业理论技能的基础上，培养学生的职业能力，协助学生考取品类管理、连锁门店运营管理、网点运营、特许连锁、物流管理等多项“1+X”证书，以满足学生毕业3~5年后成长为大中型连锁企业门店店长或自主创业的需要。

4.2.2.2　职业技能竞赛融入

（1）国际经济与贸易专业（见表4-1）。

表4-1　国际经济与贸易专业职业技能竞赛

赛项	级别	职业技能要求	对应课程名称	备注
外贸单证技能	校级	UCP600、URC522、ISBP745、信用证与开证申请书、商业发票、装箱单、运输单据、原产地证书、通关流程与单证、保险单据、装运通知及其他单据、汇票、外贸合同与审证审单	外贸单证实务	在全校多专业多层次间进行（如国际经济与贸易、关务与外贸服务等专业联办），竞赛考试为课程考评的一部分，覆盖专业的每一名学生

续表

赛项	级别	职业技能要求	对应课程名称	备注
POCIB 外贸从业技能竞赛	国家 C 级	合同磋商、外贸跟单	国际贸易理论与实务、进口业务操作、外贸单证实务、外贸跟单实务、国际货物运输实务、外贸英语函电	由学生自愿报名择优组队参加，一年或一学期 3 个队（30～60 人），可覆盖专业 2/3 的学生
OCALE 跨境电商创新创业能力大赛	国家 C 级	跨境电商 B2C	跨境电商实务	由学生自愿报名择优组队参加，一年或一学期 3 个队（9～18 人），可覆盖专业 1/8 的学生
"互联网+"国际贸易综合技能	省级	合同磋商、跨境电商 B2C	国际贸易理论与实务、进口业务操作、跨境电商实务、外贸英语函电	由学生自愿报名择优组队参加，一年 2～3 个队（8～12 人），可覆盖专业第一梯队学生
	国家 A 级	合同磋商、跨境电商 B2C	国际贸易理论与实务、进口业务操作、跨境电商实务、外贸英语函电	由省赛决出，代表海南省参赛，专业排名前 4 的学生

（2）关务与外贸服务专业（见表 4-2）。

表 4-2　关务与外贸服务专业职业技能竞赛

赛项	级别	职业技能要求	对应课程名称	备注
外贸单证技能	校级	UCP600、URC522、ISBP745、信用证与开证申请书、商业发票、装箱单、运输单据、原产地证书、通关流程与单证、保险单据、装运通知及其他单据、汇票、外贸合同与审证审单	外贸单证实务	在全校多专业多层次间进行（如国际经济与贸易、关务与外贸服务等专业联办），竞赛考试为课程考评的一部分，覆盖专业的每一名学生

续表

赛项	级别	职业技能要求	对应课程名称	备注
POCIB外贸从业技能竞赛	国家C级	合同磋商、外贸跟单	国际贸易理论与实务、进口业务操作、外贸单证实务、外贸跟单实务、国际货物运输实务、外贸英语函电	由全校多专业多层次（如国际经济与贸易、关务与外贸服务等专业）的学生自愿报名择优组队参加，一年或一学期3个队(30~60人)，可覆盖专业2/3的学生
OCALE跨境电商创新创业能力大赛	国家C级	跨境电商B2C	跨境电商实务	由全校多专业多层次（如国际经济与贸易、关务与外贸服务等专业）的学生自愿报名择优组队参加，一年或一学期3个队(9~18人)，可覆盖专业1/8的学生
“互联网+”国际贸易综合技能	省级	合同磋商、跨境电商B2C	国际贸易理论与实务、进口业务操作、跨境电商实务、外贸英语函电	由全校多专业多层次（如国际经济与贸易、关务与外贸服务等专业）的学生自愿报名择优组队参加，一年2~3个队（8~12人），可覆盖专业第一梯队学生
	国家A级	合同磋商、跨境电商B2C	国际贸易理论与实务、进口业务操作、跨境电商实务、外贸英语函电	由省赛决出，代表海南省参赛，专业排名前4的学生
全国职业院校“IECC”关务技能网络大赛	国家C级	国际贸易基础、商品归类、国际货物运输、报关单证	国际贸易理论与实务、进口业务操作、国际货物运输实务、通关实务、国际货运代理实务、商品归类操作	由全校多专业多层次（如国际经济与贸易、关务与外贸服务等专业）的学生自愿报名参加，可覆盖专业大多数学生

续表

赛项	级别	职业技能要求	对应课程名称	备注
关务技能竞赛	国家A级	商品归类、国际贸易、通关单证与方案	国际贸易理论与实务、进口业务操作、国际货物运输实务、通关实务、国际货运代理实务、商品归类操作	由教师综合选拔，专业排名前3的学生参加
跨境电商	省级	跨境电商	跨境电商实务	由全校多专业多层次（如国际经济与贸易、关务与外贸服务等专业）的学生自愿报名择优组队参加，可覆盖专业第一梯队学生
中国技能大赛报关与国际货运技能项目	国家C级	商品归类、国际贸易、通关单证与方案	国际贸易理论与实务、进口业务操作、国际货物运输实务、通关实务、国际货运代理实务、商品归类操作	由教师综合选拔，专业排名前2的学生参加

（3）现代物流管理专业（见表4-3）。

表4-3　现代物流管理专业职业技能竞赛

赛项	级别	职业技能要求	对应课程名称	备注
智慧物流方案设计与实施	校级A类	仓库布局设计与规划、智慧物流作业方案设计、智慧物流方案执行、物流管理“1+X”职业能力等	智慧仓储管理	国贸学院学生均可参赛，竞赛成绩达标者可获得竞赛学分，排名靠前的学生有代表学校参加省赛的机会
货运代理	校级A类	客户分析、海运报价、海运操作、空运操作、代理异常处理等	国际货物运输实务、国际货运代理实务	国贸学院学生均可参赛，竞赛成绩达标者可获得竞赛学分，排名靠前的学生有代表学校参加省赛的机会

续表

赛项	级别	职业技能要求	对应课程名称	备注
智慧物流方案设计与实施	省级A类	仓库布局设计与规划、智慧物流作业方案设计、智慧物流方案执行、物流管理“1+X”职业能力等	智慧仓储管理	由校赛决出专业排名前12的学生代表学校参加省赛
货运代理	省级A类	客户分析、海运报价、海运操作、空运操作、代理异常处理等	国际货物运输实务、国际货运代理实务	由校赛决出前2名学生代表学校参加省赛
智慧物流方案设计与实施	国家级A类	仓库布局设计与规划、智慧物流作业方案设计、智慧物流方案执行、物流管理“1+X”职业能力等	智慧仓储管理	由省赛决出前2名队伍（非同校的）代表海南省参加国赛
货运代理	国家级A类	客户分析、海运报价、海运操作、空运操作、代理异常处理等	国际货物运输实务、国际货运代理实务	由省赛决出前2名学生（非同校的）代表海南省参加国赛

（4）电子商务专业（见表4-4）。

表4-4　电子商务专业职业技能竞赛

赛项	级别	职业技能要求	对应课程名称	备注
电子商务职业技能大赛（校赛）	校级	电子商务沙盘运营、“1+X”直播运营和网店装修与图片美工等职业技术能力等	网店运营推广、直播运营、网店美工、网络创业等	竞赛考试为课程考评的一部分，覆盖专业的每一名学生
电子商务职业技能大赛（省赛）	省级	电子商务沙盘运营、“1+X”直播运营和网店装修与图片美工等职业技术能力等	网店运营推广、直播运营、网店美工、网络创业等	由校赛决出，校赛前8名学生代表学校参赛
电子商务职业技能大赛（国赛）	国家A级	电子商务沙盘运营、“1+X”直播运营和网店装修与图片美工等职业技术能力等	网店运营推广、直播运营、网店美工、网络创业等	由省赛决出，代表海南省参赛，专业排名前4的学生参加

续表

赛项	级别	职业技能要求	对应课程名称	备注
新媒体运营	省级	新媒体工具应用、新媒体平台直播运营、新媒体营销等	新媒体营销、网络营销	在全校多专业多层次间进行（如媒体应用、连锁经营与管理等专业联办）
农产品电商运营技能	省级	农产品物流管理、农产品网络直播、农产品营销与推广等	市场营销、网络营销、物流基础、直播运营等	在全校多专业多层次间进行（如国际经济与贸易、连锁经营与管理等专业联办）
跨境电商技能	省级	跨境电商运营理论与知识、跨境电商平台运营与操作管理等	网店运营管理、跨境电商实务等	在全校多专业多层次间进行（如国际经济与贸易、关务与外贸服务等专业联办）
“畅享杯”全国职业院校技能大赛跨境电商赛项	国家C级	跨境电商运营理论与知识、跨境电商平台运营与操作管理、跨境沙盘操作等	网店运营管理、跨境电商实务等	在全校多专业多层次间进行（如国际经济与贸易、关务与外贸服务等专业联办）
全国大学生直播电商技能竞赛	国家C级	新媒体营销、直播运营、网络营销等	新媒体营销、网络营销、直播运营	在全校多专业多层次间进行（如国际经济与贸易、连锁经营与管理等专业联办）
全国大学生电子商务“创新、创意、创业”挑战赛（省赛）	省级	方案策划与写作能力、创业执行能力、创新思维等	大学生创新创业、网络创业等	在全校多专业多层次间进行（如国际经济与贸易、连锁经营与管理等专业联办）

（5）商务管理专业（见表4-5）。

表4-5　商务管理专业职业技能竞赛

赛项	级别	职业技能要求	对应课程名称	备注
外贸单证技能	校级	UCP600、URC522、ISBP745、信用证与开证申请书、商业发票、装箱单、运输单据、原产地证书、通关流程与单证、保险单据、装运通知及其他单据、汇票、外贸合同与审证审单	外贸单证实务	在全校多专业多层次间进行（如国际经济与贸易、关务与外贸服务等专业联办），竞赛考试为课程考评的一部分，覆盖专业的每一名学生
“互联网+”创新创业技能大赛	校级	互联网思维企业管理系统知识和企业沙盘软件操作技能	企业沙盘、市场营销基础、电子商务概论	在全校多专业多层次间进行（如现代物流管理、商务管理等专业联办），竞赛考试为课程考评的一部分，覆盖专业的每一名学生
OCALE跨境电商创新创业能力大赛	国家C级	跨境电商B2C	跨境电商实务	由学生自愿报名择优组队参加，一年或一学期3个队（9～18人），可覆盖专业1/8的学生

（6）连锁经营与管理专业（见表4-6）。

表4-6　连锁经营与管理专业职业技能竞赛

赛项	级别	职业技能要求	对应课程名称	备注
连锁经营管理师	省级	连锁经营企业的产品管理、营销管理、营运管理、信息与数字化管理、人员管理、财务管理、市场开发管理、特许经营管理等基本知识的掌握，沙盘博弈技能的掌握	连锁经营管理技术、连锁门店运营管理、品类管理	学生自愿报名后参加统一的考核，选出6人进入备选。通过沙盘博弈练习成绩，最终选出3名选手

续表

赛项	级别	职业技能要求	对应课程名称	备注
数字化管理师	省级	连锁经营企业的销售业绩管理、顾客管理、商品管理、网店运营管理和财务管理等维度以及数据处理工具的使用、数据分析方法、数据可视化效果展示、分析报告结构体系等知识和技能的掌握	零售数据分析与应用	学生自愿报名后参加统一的考核，选出6人进入备选。通过实操考核练习成绩，最终选出3名选手
互联网营销师	省级	对用户定位、商品分析与选择、营销策划方案、直播营销、购买转化与复购、社群运营等知识的掌握，对网店营销和直播营销技能的掌握	市场营销、网络营销、新媒体营销实训	学生自愿报名后参加统一的考核，选出6人进入备选。通过网店营销和直播营销练习成绩，最终选出3名选手

4.2.2.3 职业技能等级引入

（1）国际经济与贸易专业。

国际经济与贸易专业“1+X”证书与课程分析见表4-7。

表4-7 国际经济与贸易专业“1+X”证书与课程分析

证书名称	证书等级	职业技能要求	对应课程名称
跨境电商B2B数据运营职业技能等级证书	中级	跨境电商平台运营与营销（营销策划方案制定、店铺管理、数据分析）、跨境电商全网营销（海外社媒营销、国际搜索引擎优化、国际搜索引擎营销）、跨境交易客户管理（海外客户开发、线上合同签订、客户服务）	市场营销基础、国际贸易理论与实务、外贸英语函电
跨境电商B2C数据运营职业技能等级证书	中级	数据运营策略制定（数据采集方案制定、数据分析方案制定、数据运营方案制定）、数字营销管理（付费营销、海外直播数据化营销、海外独立站数据化营销）、线上交易数据化管理（供应链数据化管理、客户数据化管理、服务数据化管理）	跨境电商实务

续表

证书名称	证书等级	职业技能要求	对应课程名称
多式联运组织与管理职业技能等级证书	中级	多式联运经营人服务与责任实施、多式联运组织、多式联运场站管理、多式联运单据设计、多式联运信息化应用、集装箱公铁联运业务操作、集装箱海铁联运业务操作、中欧班列国际联运业务操作	国际货运代理实务
实用英语交际职业技能等级证书	初级/中级	在职业活动或情境中通过英语语言信息的获取、处理和交流，综合运用相关知识、经验、技能等，完成重要工作任务	大学英语、外贸函电

（2）关务与外贸服务专业。

关务与外贸服务专业“1+X”等证书与课程分析见表4-8。

表4-8　关务与外贸服务专业“1+X”证书与课程分析

证书名称	证书等级	职业技能要求	对应课程名称	备注
WPS办公应用职业技能等级证书	中级	长文档管理（文字文稿的编辑、排版、美化）、交互式多媒体演示文稿制作（演示文稿的编辑、多媒体演示文稿的合成、演示文稿的动画制作、演示文稿的定稿）、表格数据运算（数据管理、公式函数、数据处理）	计算机应用基础	该证书为第四批试点证书，建议开设此公共课程的计算机应用基础教研室向全校学生组织开考
多式联运组织与管理职业技能等级证书	中级	多式联运经营人服务与责任实施、多式联运组织、多式联运场站管理、多式联运单据设计、多式联运信息化应用、集装箱公铁联运业务操作、集装箱海铁联运业务操作、中欧班列国际联运业务操作	国际货物运输实务、国际货运代理实务	该证书为第四批试点证书，正在研究证书标准，考虑本专业开考的可能性

续表

证书名称	证书等级	职业技能要求	对应课程名称	备注
港口理货职业技能等级证书	中级	仓储管理（仓储作业管理、仓储设施设备应用、仓储安全管理）、货物出入库管理（库场作业计划管理、货物交接管理、收费管理、作业成本控制与绩效考核）、船边理货（参加配工会、理货依据的识别和读取、溢短货物的处理、残损货物的处理、管理数据化与智能化应用）、登轮签收（理货单证缮制、签证与批注）、货物检验鉴定（船舶水尺计重、易流态化固体散装货物取样监装）	货物学	该证书为第四批试点证书，正在研究证书标准，考虑本专业开考的可能性
跨境电商B2C数据运营职业技能等级证书	中级	数据运营策略制定（数据采集方案制定、数据分析方案制定、数据运营方案制定）、数字营销管理（付费营销、海外直播数据化营销、海外独立站数据化营销）、线上交易数据化管理（供应链数据化管理、客户数据化管理、服务数据化管理）	跨境电子商务	该证书为第四批试点证书，已列为考试试点专业的辅助证书（主考证书应该与关务相关，但前4批试点中尚无）
关务水平测试	初级	关务基础知识（海关制度基础知识、关务合规实务基础知识、国际贸易实务基础知识）、关务基本技能（进出境通关、出入境检验检疫、保税实务、商品归类、税费核算、数据申报）	国际贸易理论与实务、通关实务	非“1+X”证书，为中国报关协会组织的关务水平综合评价，业内认可度高

（3）现代物流管理专业。

现代物流管理专业“1+X”证书与课程分析见表4-9。

表4-9　现代物流管理专业“1+X”证书与课程分析

证书名称	证书等级	职业技能要求	对应课程名称
物流管理职业技能等级标准	中级	具有物流、储配、运输企业物流运作的基本能力，具有处理和解决物流现场问题的基本能力，具有计算机办公软件、电子商务和物流管理软件的应用能力，具有英语口语交流和商务谈判的一般能力	现代物流基础、智慧仓储管理、国际货物运输、智慧物流信息技术、数字化供应链运营、物流成本与绩效管理、国际货运代理实务

续表

证书名称	证书等级	职业技能要求	对应课程名称
跨境电商 B2C 数据运营职业技能等级证书	中级	数据运营策略制定（数据采集方案制定、数据分析方案制定、数据运营方案制定）、数字营销管理（付费营销、海外直播数据化营销、海外独立站数据化营销）、线上交易数据化管理（供应链数据化管理、客户数据化管理、服务数据化管理）	跨境电商实务
WPS 办公应用职业技能等级证书	中级	长文档管理（文字文稿的编辑、排版、美化）、交互式多媒体演示文稿制作（演示文稿的编辑、多媒体演示文稿的合成、演示文稿的动画制作、演示文稿的定稿）、表格数据运算（数据管理、公式函数、数据处理）	计算机应用基础

（4）电子商务专业。

电子商务专业“1+X”证书与课程分析见表 4-10。

表 4-10　电子商务专业“1+X”证书与课程分析

证书名称	证书等级	职业技能要求	对应课程名称	备注
直播运营	中级	直播策划能力、直播带货技能、直播推广与直播后运维与数据整理能力	网络营销、电商直播运营	该证书为第四批试点证书，正申办考点中
网店运营推广	中级	网店平台的创建与管理、网店运营和 SEO、SEM 推广能力	网络营销、网店运营推广	已设有考点，但并非每学年都开考
跨境电子商务多平台运营职业技能等级证书	中级	易贝、速卖通、亚马逊等多个跨境电子商务平台的运营规则、平台管理和操作使用能力	跨境电商实务	已有对应课程开设，但开考时间不定

（5）商务管理专业。

商务管理专业“1+X”证书与课程分析见表 4-11。

表 4-11　商务管理专业“1+X”证书与课程分析

证书名称	证书等级	职业技能要求	对应课程名称
“1+X”跨境电商 B2C 数据运营职业技能等级证书	中级	根据店铺和官方网站的规划，完成跨境电商店铺基础设计、跨境电商平台基础运营工作任务；根据线上跨境交易业务需要，完成跨境交易跟单工作任务	跨境电商实务、外贸单证实务
“1+X”会展管理职业技能等级证书	中级	能够从事会展服务、营销策划、执行运营、品牌推广、活动策划等第一线工作，能够从事会展的市场调研、会议营销、项目管理、现场综合服务及团队组织管理、运营管理、客户关系管理等工作	市场营销基础、商务策划实务、商务数据分析与运用、会展实务、客户关系管理
实用英语交际职业技能等级证书	初级/中级	在职业活动或情境中通过英语语言信息的获取、处理和交流，并综合运用相关知识、经验、技能和态度，完成典型工作任务	大学英语、商务英语
WPS 办公应用“1+X”证书	初级/中级	熟练使用办公软件完成各项工作任务	计算机应用基础

（6）连锁经营与管理专业。

连锁经营与管理专业“1+X”证书与课程分析见表 4-12。

表 4-12　连锁经营与管理专业“1+X”证书与课程分析

证书名称	证书等级	职业技能要求	对应课程名称
连锁特许经营管理	中级	连锁门店运营管理、连锁总部特许经营授权、选址与规划管理能力，完成门店销售服务管理、销售目标制定追踪、社群管理、特许经营项目推广、商圈调研与新店开业操作等工作能力	特许加盟与创业、连锁经营管理技术、连锁门店运营管理、零售管理、门店销售与服务技巧

续表

证书名称	证书等级	职业技能要求	对应课程名称
品类管理	初级/中级	根据业务流程，完成供应商、商品和促销档案的建立、录入、变更等工作，进行数据分析，从事品类管理相关操作事务的执行能力，进行商品规划、采购谈判、角色建议、市场调查、商品组合等品类战略实施的能力	连锁企业品类管理

4.3　课岗无缝对接的实施方案

4.3.1　培养目标

4.3.1.1　国际经济与贸易专业培养目标

国际经济与贸易专业面向海南自贸港建设，培养具有良好的政治思想素质、专业精神、职业精神、工匠精神和综合职业素质，掌握国际经济与贸易领域相关工作的业务流程、操作技能和方法，具备跨境贸易业务开发、单证与结算、物流与通关、会展与商务策划等岗位群的岗位基本理论知识和专业职业能力，能胜任涉外工贸及商贸流通企业、跨境电商企业、国际货代物流企业等一线业务和管理岗位等工作任务的德、智、体、美、劳全面发展的高素质复合型、创新型技术技能人才。

4.3.1.2　关务与外贸服务专业培养目标

关务与外贸服务专业面向海南自贸港建设，培养具有良好政治思想素质、专业精神、职业精神、工匠精神和综合素质，掌握跨境物流通关领域中货物与物品及运输工具的通关以及跨境货物运输方面的业务流程、技能和方法，具备跨境物流岗位群的基本理论知识和职业能力，能胜任跨境物流领域提供通关和国际货运代理服务等一线业务与管理岗位工作任务的高素质劳动者和技术技能人才。

4.3.1.3 现代物流管理专业培养目标

现代物流管理专业面向海南自贸港建设，培养具有良好的政治思想素质、专业精神、职业精神、工匠精神和综合职业素质，掌握智慧物流管理工作的业务流程、技能和方法，具备物流项目运营、物流销售、物流数据分析、国际货运等岗位群的基本理论知识和职业能力，能胜任智慧仓储、国际运输、物流数据分析、物流系统规划与设计、物流项目运营等工作任务的高素质复合型、创新型技术技能人才。

4.3.1.4 电子商务专业培养目标

电子商务专业面向海南自贸港建设，培养具有良好的政治思想素质、专业精神、职业精神、工匠精神和综合职业素质，既掌握现代商务运作新理念，又熟悉电子商务运行流程，掌握网店运营与推广和 Web 前端开发等相关岗位工作技能和方法，具有电子商务专业综合职业能力的，可以胜任在跨境电子商务、电子商务直播以及新零售新商贸行业企业等一线工作的高素质复合型、创新型技术技能人才。

4.3.1.5 商务管理专业培养目标

商务管理专业面向海南自贸港建设，培养具有良好的政治思想素质、专业精神、职业精神、工匠精神和综合职业素质，掌握现代国内商务、国际商务工作的业务流程、技能和方法，具备商务管理等岗位群的商务管理的基本理论知识和商务运营实践、商务系统规划和运作能力，项目的策划、实施和管理职业能力，能胜任各类企事业单位、现代服务业等一线工作任务，具有较强可持续发展能力的高素质复合型、创新型技术技能人才。

4.3.1.6 连锁经营与管理专业培养目标

连锁经营与管理专业面向海南自贸港建设，培养具有良好的政治思想素质、专业精神、职业精神、工匠精神和综合职业素质，掌握新零售连锁企业工作业务流程、技能和方法，具备现代零售连锁企业、免税店等运营管理岗位群的经营管理理论知识和新业态连锁门店及网上商店的卖场管理、品类管理、商品采购、客户服务、全渠道管理等职业能力，能胜任国内外各类连锁企业和免税店的门店运营管理、商品采购管理、人力资源管理、全渠道流通以及门店店长岗位等一线管理工作任务的高素质复合型、创新型技术技能人才。

4.3.2　课岗无缝对接的实施方案

对接海南自贸港贸易岗位新业态，新建、改造、升级一批专业课程。

第一，为适应海南自贸港的国际旅游消费中心战略定位，国际经济与贸易专业、报关与国际货运专业将原来的“国际贸易”“国际贸易实务”课程整合成“国际贸易理论与实务”一门，并将这门课程作为群专业基础课程；两个专业新设必修课“进口业务操作”（其他群内专业可选修），以适应自贸港建设的旅游引流入境、国贸促进消费的发展战略定位。

第二，为适应海南自贸港“设立跨境电子商务综合试验区，打造重要跨境电商寄递中心”的建设总方案，对各专业原来的“跨境电商实务”“快递实务”课程进行改造升级。在“跨境电商实务”课程中嵌入网店运营的内容，培养学生的网店运营能力及跨境电商操作能力，并将该课程作为群专业共享课。“快递实务”课程强化国际快递业务经营内容，作为报关与国际货运专业、物流管理专业、电子商务专业的必修课程及国际经济与贸易专业的专业拓展选修课程。另外，新设“跨境电商通关实务”及“保税物流与海外仓操作”方向选修课，供专业群各专业选修。

第三，为适应海南自贸港“建设具有较强服务功能和辐射能力的国际航运枢纽，积极培育壮大外轮供应企业，为进入海南自贸港的船舶提供生活用品、备品备件、物料及工程服务、代理服务”的建设方案，对原来的“国际货物运输实务”“国际货运代理实务”课程进行改造，将其升级成包含原来“国际货物运输实务”课程内容的新“国际货运代理实务”课程，并融入世界技能大赛“货运代理”项目内容，强化技能操作；新开设“国际船舶代理实务”课程，以适应自贸港国际航运枢纽建设的船货需求。“国际货运代理实务”是国际经济与贸易专业、报关与国际货运专业、物流管理专业的必修课程，“国际船舶代理实务”是报关与国际货运、物流管理专业的必修课程，国际经济与贸易等其他群内专业可选修二者。

第四，为适应海南自贸港举办国际商品博览会、国际电影节、中国（海南）国际海洋产业博览会等大型国际展览会、节庆活动，以及文化旅游、国际品牌等适合海南产业特点的展会的人才需求，为自贸港会展业培养懂展会策划与营销的“会展招商”人才，将原有的“国际会展实务”课程进行改造，并将改造后的课程定名为“会展实务”，服务自贸港会展业发展人才需求。将原有的“国际服务贸易与技术贸易”课程变更为“服务贸易”“技术贸易”两门课程，以适应海南国际旅游岛以及自贸港建设中“加大科技国际合作力度，推动现代服务业集聚发展”的需要。

第五，为适应海南自贸港提升贸易便利化的要求、政府机构改革的现实（出入境检验检疫局并入海关）及“1+X”证书体系，对报关与国际运输专业、国际经济与贸易等专业原有的“商品归类”“报关实务”“报检实务”等专业课程进行改造，形成适应考证要求与具备综合关务管理能力的复合型关务人才培养需要的两门专业核心课程，分别是“商品归类操作”“通关实务”，以应对将来的“1+X”证书中的“商品归类操作技能”“通关业务操作技能”等证书的考证需要。

物流管理专业的“1+X”证书考试内容相应融入由原核心课程“仓储与配送管理”升级而成的“智慧仓储作业管理”以及“运输管理实务”课程，并将物联网技术、智能设备等内容融入“智慧仓储作业管理”课程，适当延展无人仓库场景下的新应用，以适应全国职业院校技能大赛——智慧物流方案设计与实施赛项的新变化、保税仓业务需求等。

为满足海南自贸港对复合型电子商务人才的需求，电子商务专业课程设置坚持商务与技术两条线并行，即“两条腿走路”，以“1+X”证书为方向对专业课程设置进行改造升级，商务方向课程以“网店运营推广”的“1+X”职业资格证书考核内容为指导蓝本，技术方向课程以“Web前端技术”的“1+X”职业资格证书考核内容为指导蓝本。新开设“新媒体营销实训”“商务数据分析与应用”“JavaScript”“可视化页面设计与制作”课程，融入“1+X”网店运营推广职业资格的相关内容。改造升级“网店美工”“电子商务运营”“网络营销”“商务网页设计与制作”“电子商务网站设计”5门课程，融入“1+X”网店运营推广、Web前端技术的职业资格相关内容。

4.4　海南自贸港建设中产教融合理论创新

4.4.1　学习理论

4.4.1.1　行为主义学习理论

在20世纪上半叶，占主导地位的学习理论是行为主义。行为主义的代表人物是美国的斯金纳，他认为行为是人类生活的一个基本方面，并一直将行为作为自己的研究对象。他继承和发展了桑代克的联结主义学习理论，提出了“刺激—反应—强化”的学习模式，创立了操作性条件反射理论和强化理论，并把理论应用于人类学习的研究。

行为主义学习理论强调学习是刺激与反应的联结，主张通过强化和模仿形成和改变行为。在行为主义者看来，环境和条件就如同刺激和强化，是学习的两个重要因素，学习的结果等同于行为的结果。

4.4.1.2　认知主义学习理论

认知主义学习理论强调，学习是认知结构建立和组织的过程，重视整体性与发现式学习。认知主义学习理论学派认为，学习个体本身作用于环境，人的大脑的活动过程可以转化为具体的信息加工过程。学习过程是学习者原有认知结构中的有关知识和新学习的内容相互作用（同化），形成新的认知结构的过程。

现代认知主义学习理论的代表人物是布鲁纳和奥苏贝尔。对如何获得新知识的过程，布鲁纳强调，在教学过程中，教师要尽量设计各种方法，创设有利于学生发现、探究的学习情境，使学习成为一个积极主动的“索取”过程，从而充分调动学生自我探究、猜测、发现的积极性；奥苏贝尔则强调意义接受，在课堂教学中，影响意义接受学习的主要因素是学生的认知结构。

上述两派不同的观点对于学习的认识都有合理的一面，但都带有片面性。行为主义强调知识技能的学习靠条件反射，靠外在强化，而忽视了人的内在因素、智能的培养和发展；认知主义强调学习靠智慧和领悟，靠人的内在因素，而忽视了外在条件和掌握知识是辩证统一的过程。

4.4.1.3 客观主义学习理论

客观主义学习理论认为，世界是实在的、有结构的，而这种结构是可以被认识的，因此存在关于客观世界的可靠知识。人们思维的目的乃是去反映客观实体及其结构，由此过程产生的意义取决于现实世界的结构。因为客观的结构是相对不变的，所以知识是相对稳定的，并且存在判别知识真伪的客观标准。教学的作用便是将这种知识正确无误地传递给学生，学生最终应从传递的知识中获得相同的理解。教师是知识标准的掌握者，因而教师应该处于中心地位。

在客观主义者看来，知识是不依赖于人脑而独立存在的具体实体，只有在知识完全“迁移”到人的大脑内部，并进入人的内心活动世界时，人们才能获得对知识的真正理解。因而，客观主义学习理论强调“知识灌输”。

4.4.1.4 建构主义学习理论

建构主义（constructivism）也译作“结构主义”“构建主义”，源自儿童认知发展理论，是认知心理学派中的一个分支，其代表人物有皮亚杰、科恩伯格、斯滕伯格、卡茨、维果斯基。建构主义学习理论主要包括以下观点。

一是知识不是通过教师传授得到的，而是学习者在一定的情境下，即在一定的社会文化背景下，在其他人（包括教师和学习伙伴）的帮助下，利用必要的学习资料，通过协作活动等实现意义建构的方式获得的。因此，建构主义学习理论认为“情境”“协作”“会话”“意义建构”是理想学习环境应包括的四大要素。

二是学习者不是被动地接受信息刺激，而是主动地建构意义，是根据自己的知识背景，对外部信息主动地进行选择、加工和处理，从而建构起自己获取知识的意义。外部信息本身没有什么意义，意义是学习者利用新的知识、新的经验反复建构而成的。因此，学习并不是行为主义描述的“刺激反应”。

三是学习意义的获得，即每个学习者以自己原有的知识经验为基础，对新信息重新认识和编码，建构自己对新知识和新经验的理解过程。在这一过程中，学习者原有的知识和经验因为新的知识和经验增加而发生调整与改变。

四是同化和顺应，是学习者认知结构发生变化的两种途径或方式。同化是认知结构的量变，顺应则是认知结构的质变。同化与顺应循环往复，平衡与不平衡相互交替，人的认知水平的发展就是这样一个过程。学习不是简单的信息积累，而是解决新旧知识和经验的冲突，以及由此引发的认知结构重组。学习过程不是简单的信息输入、存储和提取，而是新旧知识和经验之间相互作用的过程，同时也是学习者与学习环境之间的互动过程。

4.4.2 项目教学理论

4.4.2.1 实用主义教育理论

杜威的实用主义教育理论是“基于项目的学习”的一个理论基础。杜威针对“以课堂为中心、以教科书为中心、以教师为中心”的传统教育，在实用主义哲学基础上提出实用主义教育理论。

杜威认为，世界上最根本的东西是主观臆想的所谓“纯粹经验”，物质和意识只是“纯粹经验”内部的区别。杜威强调，“认识本身就是一种行动”，还明确地说“在我的教育事业背后，存在着一个颇为抽象的知和行的关系的思想”，这就是杜威教育思想中核心的东西。

杜威确认“一切学习来自经验”。因此，他宣称“教育即生活”，教育作为过程，“不断改组经验，重新组织经验”。

项目教学是以真实的或模拟的工作任务为基点，让学生利用各种校内外的资源及自身的经验，采取“做中学”的方式，通过完成工作任务获得知识与技能。项目教学强调现实、强调活动，与杜威的实用主义教育理论是一致的。

4.4.2.2 多元智能理论

1983 年，美国著名心理发展学家霍华德·加德纳提出了多元智能理论。他在《心智的架构》一书中提出，人类的智能至少可以分成语言智能、数学逻辑智能、空间智能、身体运动智能、音乐智能、人际智能、自我认知智能七个范畴，后来增加了博物学家智能。

在《再建多元智慧》一书中，加德纳指出："智能指的是我们人类用某种特殊方法操作某种特别资讯的一种生理心理潜能。因此，它明显地包括了由精密神经网络系统执行的过程。每一种智能毫无疑问地都有其各自特殊的神经过程，这些过程在所有的人身上都是大致相似的，只是对有些人而言，某些过程可能比别的过程更为习惯些。"加德纳认为，智能是原始的生物潜能，是人类所特有的能力。这种潜能会因为一个人经验、文化以及动机的不同而被人以不同方式来理解。除了极个别的、奇特的个体外，每种智能不会以单一的形式表现出来。对于正常人而言，多元智能是几种智能组合在一起解决问题或生产各式各样的文化产品的。

4.5 海南自贸港建设中产教融合人才培养模式创新

4.5.1 构建"多维协同、阶梯递进"人才培养模式

依据海南自贸港建设的新商贸人才需求，按照"产业思维、行业素养""核心能力、跨岗能力""跨界合作、创新发展"三点紧密结合、有效衔接的基本思路，赋予学生数字经济和现代营销的思维，训练学生技术应用和分析、解决问题的能力，为海南自贸港建设的新商贸人才培养奠定坚实的基础，构建起"多维协同、阶梯递进"的人才培养模式。学校开设的公共基础和专业基础课程兼具启发思维和工具性，注重夯实专业基础理论和思维训练；专业核心课程兼具核心性和交叉拓展性，注重核心业务能

力和个性化培养；综合实践课程兼具跨界性和创新性，注重行业业务迭代迁移应用能力培养。同时，以创新与创业协同、产业与行业协同、专业与岗位协同、知识与素质协同、教学与研发协同、理论与实践协同、学历教育与在职培训协同为指导，设定阶梯式的培养目标、教学环节和课程体系；落实立德树人、全员全过程全方位育人，培养职业精神、专业精神和工匠精神，以综合服务海南自贸港建设的新商贸能力养成为核心目标，分阶段组织教学，逐步提高学生的技术技能水平。

4.5.2　建立健全产教融合人才培养制度

4.5.2.1　产教融合人才培养制度的内容

（1）生产情境与教学情境相通。

在校内创新建设国际商贸产教园，将企业项目引进产教园，在产教园内实现招生与招聘同步、教学与经营同步、实习与就业同步、学历教育与社会培训同步。有效地将企业的市场资源、先进管理经验与学院的专业教学环境、稳定的人才储备交织在一起，通过直接的资源交换实现利益互惠共享，进而产生校企相互认同与融合，逐渐形成稳固的合作生态，从而最大限度地实现资源共享，同时将企业文化和校园文化相结合，创造出一种新型的校企合作文化。

（2）生产内容与教学内容对接。

结合海南自贸港的建设导向，围绕海南自贸港的国际旅游消费中心（建设有国际影响力的大型消费商圈）、会展业等现代服务业的建设方案，对专业群课程体系进行重构，新建一批、改造升级一批，最终构建成由德育课程、美育课程、身心健康课程、职业规划课程等组成的专业群通识课；由经济学基础、国际贸易理论与实务、管理学基础、市场营销基础、会计基础和商务沟通（中英文）等课程构成的专业群基础课；由供应链管理、商务数据分析与应用、会展实务、外贸单证实务、智慧仓储作业管理、国际货运代理、跨境电子商务运营、网店美工、智慧物流信息技术、通关实务等课程构成的专业群核心课及拓展课；由电子商务运营训练、客户关系管理系统训练、国际商务综合训练等构成的专业群综合实践课，最终构成完整的专业群课程体系。

（3）生产资源与教学资源融合。

专业群面向海南自贸港建设中的自由贸易领域相关业务，专业课程资源主要包括三大类内容，分别供不同阶段的学历教育、职业技能证书考试或职业技能培训选用。第一类为专业群基础课程资源，如德育课程、美育课程、身心健康课程、职业规划课程、经济学基础、管理学基础、国际贸易理论与实务、市场营销基础、会计基础和商务沟通（中英文）等；第二类为自由贸易领域核心岗位专业能力提升及训练课程资源，如供应链管理、商务数据分析与应用、外贸单证实务、智慧仓储作业管理、国际货运代理、跨境电子商务运营、网店美工、智慧物流信息技术、通关实务等；第三类为提升岗位综合能力的训练资源，如电子商务运营训练、客户关系管理系统训练、国际商务综合训练等。

4.5.2.2 产教融合人才培养制度的机制

（1）建立专业群建设指导委员会。

在学校的体制机制框架下，建立专业群建设指导委员会，以全面指导专业群建设和专业群教育教学活动。

（2）完善专业群的管理制度。

在学校原有的人才培养和评价制度基础上，制定关于专业群学生的实习、就业和创业细则，使不同生源的差异化培养目标更易于实现；为保证产业学院的顺利运营和良性发展，制定产业学院管理办法；明确教师的灵活管理与考核细则，鼓励兼职兼薪，激发其工作热情及积极性；落实“1+X”证书的教学和认证落地管理细则。

（3）健全专业群的发展机制。

全面实施群内各专业资源的共建共享机制，细化诊断与改进制度、毕业生跟踪监测制度，探索群内负责人、专业负责人、课程负责人和实习实训负责人竞聘机制。

本章小结

本章主要介绍了面向海南自贸港建设的产教融合人才培养模式的相关内容，涉及海南自贸港建设的新商贸人才需求分析、国际经济与贸易专业群的课程体系设计、课岗无缝对接的实施方案、海南自贸港建设中产教融合理论创新、海南自贸港建设中产教融合人才培养模式创新等方面的知识。

首先，本章介绍了海南自贸港建设新商贸人才需求的现状。海南自贸港建设是习近平总书记亲自谋划、亲自部署、亲自推动的改革开放重大举措和国际战略。实施贸易自由化和投资便利化，是海南对外开放布局的核心。在海南自贸港建设和发展过程中，对商贸人才的需求量越来越大，人才需求结构也将发生较大变化，企业迫切需要大批新商贸技术技能人才，这对商贸人才培育提出了新要求。但当前海南省商贸专业人才培养模式还存在着师资队伍基础薄弱、专业实践应用能力不突出、校企合作发展不充分、难以满足当前相应岗位群的新商贸人才需求等问题。新商贸人才供给不足是海南自贸港建设过程中的一大阻碍。

其次，本章介绍了国际经济与贸易专业群课程体系设计的总框架。国际经济与贸易活动是商流、物流、信息流与资金流的完整结合。以自由贸易为主线，以跨境贸易操作、关务服务与管理、智慧物流服务、跨境电商、商务管理、连锁经营与管理等岗位群共同支撑海南自贸港建设。该内容从职业岗位需求导向、职业技能等级引入和职业技能竞赛融入三个方面，介绍了国际经济与贸易专业群“岗课赛证”综合育人的课程体系设计。

再次，本章介绍了课岗无缝对接的实施方案，对接海南自贸港贸易岗位新业态，新建、改造、升级一批专业课程，包括贸易类课程、电商类课程、仓储类课程、国际货运类课程、服务贸易类课程、报关类课程等。国际经济与贸易专业面向海南自贸港建设，培养具有良好的政治思想素质、专业精神、职业精神、工匠精神和综合职业素质，掌握相关工作的业务流程、操作技能和方法，具备跨境贸易业务开发、单证与结算、物流与通关、会展与商务策划等岗位群的岗位基本理论知识和专业职业能力，能胜任一线业务和管理岗位等工作任务的德、智、体、美、劳全面发展的高素质复合型、创新型技术技能人才。

复次，本章介绍了海南自贸港建设中产教融合理论创新，包括行为主义学习理论、认知主义学习理论、客观主义学习理论、建构主义学习理论、实用主义教育理论、多元智能理论等。

最后，本章介绍了海南自贸港建设中产教融合人才培养模式创新点。一是依据海南自贸港建设的新商贸人才需求，构建“多维协同、阶梯递进”的人才培养模式。二是建立健全产教融合人才培养制度，分别从产教融合人才培养制度的内容和机制展开。

总之，国际经济与贸易专业群围绕自贸活动主线，将六大专业在师资队伍、教学资源、合作企业等方面加以整合，以群共享核心课程为纽带，通过集聚、共享、创新，实现群内专业集约、协同发展，瞄准海南自贸港建设中的商流、物流、信息流与资金流四大类主要岗位群，培养“通政经、善合作、可跨界、能创新”的新商贸人才。

第5章

产教融合实践基地建设

5.1 我国高职院校实践基地建设现状

5.1.1 我国高职院校实践基地的发展现状

近年来，我国高度重视高职院校实践基地建设，为不断推进高职院校实践基地建设提供了大量的政策支持。2002年，国务院发布的《关于大力推进职业教育改革与发展的决定》明确指出，加强实践教学，旨在提高受教育者的职业能力，强调要改善教学环境和条件，加强校内外实训基地的建设；高职院校要加强与相关企业行业、事业单位的合作与共享，利用相关设施、设备等条件开展实践教学；高职院校相对集中的地区应建设一批可共享的实训基地，为高职院校和学生提供优质、丰富且全面的教学资源。2005年，职业教育实训基地建设工作会议指出，“加强实训基地建设和改革，是加强职业教育实践教学的关键环节”，强调要加强实践的教学环节，就必须加强实践基地的改革与建设。随后，各个地区陆续建设了具备实训条件、可以进行实践教学的高职院校，迅速地推动形成了我国高职院校高度重视教育教学实践环节这一改革与发展成效。

党的十八大以来，我国高职院校实践基地的建设一直在不断推进。2019年，国务院发布的《国家职业教育改革实施方案》指出，要推动校企全面加强深度合作，打造一批高水平实训基地，强调高职院校要根据学生自身特点和人才培养目标，积极主动地与具备条件的行业企业、事业单位开展合作。同时，学校也要积极为企业提供高质量的课程资源、师资力量，企业要依法履行实施职业教育的义务，双方积极参与校企合作，促进资源共享。此外，政府及各部门要加大政策引导力度，充分调动各方参与的积极性，带动各级政府、企业和高职院校建设一批资源共享且集实践教学、社会培训、企业真实生产和社会技术服务于一体的高水平高职院校实践基地。

产教融合实践基地是我国高职教育转向高质量发展、重视实践环节的重要载体，也是实现校企深度合作、资源共享、协同育人的重要组成部分。多年来，我国不断深入推进高职院校实践基地的建设，建设体系越来越完善，运行机制越来越规范，实践基地类型越来越丰富，投资主体越来越多元，同时，高职院校实践基地更加重视产教深度融合、校企协调共建和深入合作。因此，我国高职院校实践基地的建设有助于提高人才的培养质量，提高学生的实践能力、创新能力，为学生进入企业打下坚实的基础，使学生成为新时代高水平的技术技能型人才。

随着经济社会的不断发展以及高职教育的不断改革，许多高职院校已经逐步建立起校内外实践基地，深化产教融合，深入推进校企合作，协同育人，不断推进学校与企业之间的合作，并开发出了许多新的实践基地类型，吸引了更多的投资主体。

在国务院和教育部相关政策的推动下，高职院校在产教融合教学方式指导下，建立了一批产教融合实践基地。目前，我国部分高职院校已经有了相应的实践基地以及实践设备。但是，从现有的高职院校产教融合实践基地建设现状来看，仍存在以下方面的问题。

5.1.1.1 物质方面

我国高职院校实践基地建设缺少一定的资金支持，尽管国家出台了一系列激励政策，但是在实践基地建设过程中仍缺乏可持续资金。

5.1.1.2　主体方面

在产教融合实践基地建设过程中，学校受管理制度和项目资金的限制，无法顺利开展实践基地建设；而企业由于利益驱动，也不愿意在实践基地建设上投入大量的人力、物力。

5.1.1.3　学生方面

学校和企业对实践基地建设的投入力度较小，校企合作趋于表面化，导致学生没有真正学习到符合就业市场需求的实践技能，从而对“学校+企业”的合作方式失去热情，更愿意去真正的企业里实习，以学到更多符合就业市场需求的技术技能。由此，我国高职院校实践基地建设的现状就在于学校、企业、学生三方没有实现共赢，要想建设产教融合实践基地、进行校企合作，就要以学生为本，学校与企业共同构建新的运营机制模式，这才是高职院校产教融合实践基地建设顺利开展的重要保障。

5.1.2　高职院校实践基地的类型

5.1.2.1　校内实践基地

校内实践基地是指高职院校通过与企业或公司合作，在校园内建设实践基地。该类实践基地主要是按企业或者公司的生产基地、工厂车间的模式和布局建设的，按照企业或公司的生产要求引进实践设备，并且实施与企业或公司相一致的企业化管理制度，如时间考核、生产质量考核、绩效考核、薪资以及激励机制。此外，该类实践基地具有较强的真实性和直观性，可以让学生更真实地参与到生产过程中，更直观地感受生产过程中的每一个细节，有利于学生及时将学到的理论知识运用到实践中，从而更有效地培养学生的实践操作技能，提升学生的职业素养。

案例分析23

山东经贸职业学院与海程邦达国际物流有限公司共建混合所有制校内生产性实践基地。山东省是我国经济和外贸大省，随着我国对外贸易的逐年增长，其对关务与外贸服务人才的需求越来越强烈。但是山东省许多外贸企业很难找到刚入职就对各项工作技能熟练的员工，很多新员工需要进行上岗前的岗位职业技能培训，这就增加了企业的时间成本，贸易服务与员工之间失衡，容易造成员工流失。因此，学校企业合作，校企共育，实现产教深度融合，实现新员工专业与岗位无缝对接，是解决这个问题的最有效途径。

山东经贸职业学院建立校内生产实践基地，解决了企业外贸人才匮乏的问题，也解决了学校实践教学缺乏实践技能培训的问题。具体来说，山东经贸职业学院提供教学场地和实训设备，海程邦达国际物流有限公司提供企业资深员工、岗位技术和办公设备，公司员工与学生结为师徒关系，以企业的真实业务作为实训项目，生产业务与学生实训同步进行，同时开展报关服务、货运代理、关务服务咨询等岗位的实习培训。

5.1.2.2 校外实践基地

校外实践基地与校内实践基地的不同之处在于，校外实践基地主要放在企业内部进行建设，让学生进入企业组织或参与实践活动。这一实践基地类型更加需要企业的积极配合，这是高职院校建设实践基地和进行校外实践的关键因素。因为是在校外进行实践，所以校企双方要共同协调好校内校外资源，共同开设教学课程和制定教学目标。学校负责学生的专业理论知识教学；企业在内部提供实践场所，让学生到企业进行实践，学生提前体验企业的管理模式、生产经营模式、岗位需求及企业文化。这不仅有利于实现学生与企业岗位的“零对接”，还有助于提高企业新员工入职的效率，实现校企双方建设校外实践基地的最终目标。

案例分析24

柳州职业技术学院与上汽通用五菱汽车股份有限公司合作，共建“汽车电商直播营销实践基地”。“汽车电商直播营销实践基地”是柳州职业技术学院贸易与旅游管理学院深入产教融合、提高人才培养质量的校企共建产教融合新平台。该实践基地主要以企业建设基地为载体，学校让学生到企业进行实践，校企双方共同协商制定教学内容。该基地作为学生的项目教学、实训、实习及研究场所，让学生近距离接触到真实的工作任务。同时，校企双方发挥各自优势，积极探索汽车新媒体的营销模式，为学生做好服务与指导工作。

该实践基地发挥了政府、行业、企业、学校的多方协调机制，实现了高职教育与行业产业协同发展，为国家新能源汽车行业输送了更多人才。校外实践基地的主要作用就在于让学生到企业去参观与实训，这一实践基地的建设能够有效地为学生提供就业岗位，使学生由于前期真实情境下的实训，进入就业岗位后可以更快实现人岗合一。

5.1.2.3 公共实践基地

公共实践基地能够将资源共享、资源利用效率、社会效益实现最大化，体现了实践基地的公共性和综合性。这类实践基地主要由政府主导，企业和学校共同挖掘创新资源。企业负责提供企业项目、实践资源，学校负责提供教学场地、资金、教师，校企双方共建社会服务中心，提供专业技术服务和实践培训服务。校企双方共同打造教学课程及目标，有效规范教师教学内容、不断优化教师教学效果。企业专家与学校教师加强沟通，共同制定教学内容，保障学生学习到的理论知识和实践技能训练均来源于岗位真实工作任务，进而有助于实现教学过程与工作过程对接。同时，依托政府、学校、行业、企业多方的资源，精准对接相关产业的需求。这样有助于学生提高专业技术能力，解决毕业生就业难题和企业用人难题。

案例分析25

为进一步打造产、学、研、工、创一体化的政企校深度合作模式，南通职业大学与江苏本地企业深入合作，共同打造产教融合公共实训基地。南通职业大学根据企业用人的需求，围绕“产教融合，校企一体”这一目标，与企业共建区域性、行业性、开放性产教融合泛物联网公共实训基地，为新兴信息技术行业精准输送适应行业发展的人才。

该泛物联网公共实训基地为高职院校提供了实践教学平台，让校内的学生有更好的实训体验。泛物联网公共实训基地规划建设“六大区位空间”，即实景互动示范区、理论教学培训区、泛物联网应用实训区、创新创业区、协同创新区和教研管理区。覆盖面广的实训基地将有利于调动学生的积极性，使学生接受的实训模式不再单一，学生可以根据自身优势及特点进行实训，进而提高自身专业能力，最终实现高职院校为企业精准输送优质人才的目标。

5.1.2.4 产业学院

产业学院是一种新型的校企合作模式，目前受到国家的大力支持，不仅是高职院校的二级学院，也是高职院校实践基地的一种类型，即产业研究实践基地。主要由学校和企业深度融合，在高职院校内建立专业产业学院。该模式打破了传统高职院校二级学院的限制，以高职院校实践基地的形式，培养学生实践能力。产业学院的建立，可以同时为学校、教师、学生提供校内外实践基地，且提供的校内外实践基地具有较强产业覆盖能力，方便校企双方全面地获取共享资源。同时，产业学院能够将教育教学和生产实践有效结合起来，从而达到学校理论教学和企业实践协同推进的效果。产业学院可以更好地发挥校企双方的育人模式的优势，使学生及时了解产业发展的方向和人才需求，为学生提供实践基地和先进的技术技能，这有利于促进校企双方共同发展。

案例分析26

为培养交通产业紧缺人才，促进人才供需平衡，绵阳职业技术学院与四川奇石缘科技股份有限公司共建智能交通产业学院。四川奇石缘科技股份有限公司在绵阳职业技术学院设立智能交通产业学院，基于产业的需要，校企双方共同探索产业学院的人才培养模式、制定人才培养目标及人才培养方案，达到校企协同育人的最佳效果。

学校利用企业的资源优势提升专业建设水平，加强师资力量建设，与企业加强沟通，完善专业课程体系，优化专业课程结构，使专业课程与企业岗位的需求相一致，实现对接。企业则是向学校引进管理理念、方法和先进的技术技能教学，引进优秀人才，带动学校教师提升职业技能培训水平和教学科研水平，建立“双师型”教学团队。同时，校企双方共建校内外实践基地，定期开展实践基地内的真实性生产实践教学，提高学生的技术技能水平，实现产业学院建设的目标，培养更多高素质的智慧交通技术技能人才。

5.1.3　高职院校实践基地建设的投资主体

5.1.3.1　政府

多年来，得益于政府的政策支持，我国各地纷纷建设高职院校实践基地。政府作为最大的投资主体，在建设高职院校实践基地的过程中发挥了不可或缺的作用。随着产教融合的不断深入，校企合作的形式也越来越丰富，建设实践基地就是其中一种形式。

目前，政府不仅扮演政策支持的角色，还参与到投资主体中，与学校形成“政—企—校”的新型合作模式。这一模式主要以政府为主导，学校和企业进行合作，政府、学校、企业三方都参与对高职院校实践基地建设的投资。

5.1.3.2　学校

学校一直是产教融合、校企合作的主要角色，在高职院校实践基地建设中起主要作用，和企业一起进行投资合作、协同育人。在这一过程中，学校是主要场所，提供教学场地，对学生进行专业理论知识的教学和管理。目前，有很多高职院校在校内建设了实践基地，其便利之处在于节省了学生往返学校的时间。因为现在的产教融合形式还不够完善，所以在校企合作过程中，会存在对学生到校外进行实践的限制。

学校作为投资主体之一，也为学生带来了良好的教学效果，打破了传统的单纯学习理论知识的教学方式。有了实践教学的加持，学生的就业竞争能力也随之提升，当他们面临着就业市场的挑战时，能够更加自信地展现自己的实力和潜力。

5.1.3.3 企业

企业与学校一样，也是产教融合、校企合作的主要角色。虽然都是投资主体，但双方的不同之处在于，企业与学校的分工不同、责任不同。

企业主要培养学生的实践能力，为学校提供教学设备、教学资源，有时还会提供教学场所，即校外实践基地。部分高职院校的实践基地是在合作的企业内部建设的，这样的好处在于高职院校的学生可以更直观地了解企业的用人标准、企业文化、企业管理模式和生产过程。企业和学校进行合作的目的在于满足人才需求，所以企业在进行人才培养时，注重对学生实践能力的培养，以便高职院校学生毕业之后直接进入企业工作，成为企业急需的高素质技术技能型人才。

5.2 产教融合实践基地的功能及特征

5.2.1 产教融合实践基地的功能

以产教融合为目的的校内实践基地、校外实践基地、公共实践基地、产业学院等，是高职院校与企业深入合作沟通的主要桥梁，也是实现人才培养目标、互利共赢的主要手段。这些功能丰富的产教融合实践基地是培养学生专业能力和实践技能、提高学校师生和企业员工综合素质、保证实践教学质量的重要平台，为学生搭建技能锻炼、职业素养提升、社会服务等方面的平台，使学生实践实操的技能得到提高。

产教融合实践基地体现出来的功能和作用意义非常大，主要体现在以下方面。

5.2.1.1　有利于培养学生技能，提高创新能力

首先，人们已经逐渐认识到实践基地教学可以提高学生的创新意识和创新能力，随着社会对人才各方面的选拔标准越来越高，想要培养高质量人才就要不断提高学生的实践能力和创新能力。实践基地以先进的设备仪器、成熟的技术教学能力以及较强的研发创新能力，为学生基本技能的训练提供了良好的外部环境。

其次，学生可以通过企业见习、毕业实习、完成毕业论文和参加创新创业大赛、专业竞赛等形式深入了解企业的用人标准和管理模式，在给企业注入新鲜血液的同时，提高自身的综合素质和创新能力。

最后，部分高职院校陆续开展“挑战杯”创业大赛、“互联网+创新创业大赛”以及国际货运代理、全国供应链等专业型国家级大赛。这些国家级大赛提升了学生的创新和创业能力，夯实了学生的专业知识基础。

5.2.1.2　有利于帮助学生明确市场需求，找到就业方向

企业是学生不断锻炼自身技术技能的重要平台，具有丰富的实践资源。要想满足企业的用人要求，就要实时了解相关行业市场对人才的需求，让学生处于就业信息畅通的大环境中。

与此同时，可以将企业的用人要求和学校的人才培养目标相结合，制定符合要求的人才培养方案，创新教学模式，利用实践基地让学生提早适应工作标准、工作环境，进而加快学生从大学步入社会的步伐。

在实践基地，学生不断对所学知识进行应用和实践，有助于提高学生面对问题、解决问题的勇气和能力。在实习过程中，学生能够多了解社会，积累丰富的社会经验，在见习阶段和毕业实习阶段，学生可以与企业保持密切联系，这对对其明确就业方向具有显著益处。

5.2.1.3 有利于为毕业生提供就业岗位

对于有意在各个类型实践教学基地就业的毕业生，以校企联合培养和顶岗实习的形式，由校企双方指导教师共同指导学生实习和就业。调查发现，大多数学生认为入职实践基地是个不错的就业选择，如此可搭建起“职业认知—实践教学—成功就业”的“零距离”毕业就业通道，真正实现高质量复合型人才的培养。

5.2.1.4 有利于为教师提供实践锻炼机会

高职院校教师能够“走出去”是国家一直鼓励的政策，也是不断优化教师知识结构体系和解决企业高端人才紧缺问题的重要途径。通过暑期社会实践、到校外实践基地考察、挂职锻炼等方式，教师可以随时随地了解企业发展近况，掌握企业先进设备与最新技术，将自身专业知识与企业实际相结合并应用于实践教学，提高解决实际问题的实践能力。同时，教师通过参与实践基地教学，可以较为准确地把握企业对各层次人才素质和能力的不同需求，有助于及时调整培养方案，优化教学过程，更好地培养学生的实践能力和创新能力。

5.2.1.5 有利于增强学校的师资力量

通过推动校企双方紧密合作，可选取企业中能力强、经验丰富的优秀员工与学校教师一起担任指导教师，充分发挥实践基地的设备优势、经验优势与人才优势，向学生传授丰富的实践经验，资源共享，合作共赢，不断提升实践教学成果。有些校外实践教学基地还设立了大学生指导中心，为本科生的实践教学、毕业论文提供专业指导，并以策划专题活动或专业讲座等形式对教师、员工与学生开展培训，深化校企协同培养模式改革，为社会培养符合市场要求的人才。

企业专家还可以到学校开展课程教学或讲座，指导学生开展创新创业、毕业论文设计等工作，为学生解答疑惑的同时，传播企业发展理念，介绍企业结构和规划，指明企业人才需求方向，不断扩大其所在单位的知名度和影响力，形成良性互动，进而为企业吸纳专业人才，提升企业综合实力。

5.2.2　产教融合实践基地的特征

目前，我国高职院校实践基地建设主要是将与企业合作的方式作为前提，探究产教融合实践基地与企业之间极为密切的联系，及其在实际运行中具有的多样化的特征。

5.2.2.1　具有完善的运行机制

以校企合作为实践基地运行的基础，积极完善运行机制，建立人才共同培养、平台共同建设、项目共同合作的运行模式，加强校内实践基地与市场的联系性和协调性，满足企业的市场需求和就业需求。同时，校内实践基地根据市场就业需求，制订人才培养计划，使实践基地运行满足企业在市场生产和经济发展上的需求，兼顾学生的教学与企业的发展。

5.2.2.2　具有标准的管理方式

产教融合实践基地一般都是由学校和企业联合建立的，有利于整合双方的优质资源，提高学生的实践创新能力，使基地更好地发展。所以，需要校企双方协商管理产教融合实践基地，参照企业化管理模式，以实体企业标准的企业化运行管理方式为主，制定严格规范的运行机制，对学生管理做到奖惩有度，极大地激发学生的积极性和参与度。

5.2.2.3　具有直观的教学形式

产教融合实践基地的优势在于容易实现实践教学的情境化，让学生直观地了解在企业生产过程中的每项任务。学生到企业参观，能够得到指导教师的教学和指导，能够把课堂上学到的理论知识和实际相结合。这种参观有利于激发学生的学习兴趣和创新意识，培养学生的创新思维，在提升学生基本技能水平的基础上提高其创新能力和创业就业能力。

5.2.2.4　具有实际的操作任务

在产教融合实践基地教学中，学生能真正参与企业项目的实施，并设计自己感兴趣的实践项目，追踪实施目标、实施方案、预期效果等的逐步落实，进而得到创新思维和动手能力的训练。同时，学生在参与实践的过程中不断学习，提高自身实践能力，积累项目经验。一些产教融合实践基地实施连贯性的课程设计体系，对学生进行集中式、模块化教学，这有利于培养与社会发展相适应的高素质人才。

5.3 产教融合实践基地的构建及运行模式

5.3.1 产教融合实践基地构建

实践基地是培养应用型技术人才的重要场所，而构建持续性有效运转的实践基地是致力于培养高素质应用型人才的高职院校需要迫切解决的难题，也是产教深度融合的内在要求。基于我国高职院校实践基地建设的现状，要做好产教融合实践基地的构建，需要做好以下方面的工作。

5.3.1.1 重视培养实践能力

不论教师还是学生，都应该转变“重理论、轻实践”的理念。教师在将学生培养成社会、企业所需的高素质应用型人才的过程中扮演着重要角色，为了更快地引领学生迈进产教融合实践基地的大门，教师应更加重视对学生实践能力的培养，激发学生的实践热情，鼓励学生将学到的理论知识带到实践当中，锻炼自己的实际操作能力，为以后进入企业奠定基础。

与此同时，学生也要积极与企业互动，了解市场就业需求，有目标地锻炼自己的技能，提高自己的实践能力，使自己的能力与动态需求相匹配，不让自己与社会、企业脱节。

5.3.1.2 拓宽资金筹集渠道

确保实践基地硬件及软件设备的齐全和更新。有了政策的支持，高职院校实践基地建设也有了相应的保障。

目前，实践基地构建的主要任务是：发挥自身优势，吸引更多企业对实践基地进行投资建设；依托实践基地的不同项目创设引资渠道，相关项目需要由相关投资方进行协商，共同开发，实现利益的合理分配及共享。

同时，高职院校也要建立健全实践基地资金管理机制，加强对资金收入与支出明细的监管核查，确保资金的合理使用，从而保障学校的教学活动和实践活动有稳定的设备支撑，只有有效地利用教学活动和实践活动，才能使学生的实践操作能力得到真正的提高，让学生即使在学习过程中也可以走在技术前沿，从而为社会、企业培养合适的高技能人才。

5.3.1.3　深化校企合作

充分发挥企业在深化产教融合中的重要主体作用。

近年来，虽然我国部分高职院校逐步建设起了实践基地，但是校企合作仅限于表面，产教融合也流于形式。校企合作也是产教融合的一种形式，为了更顺利地开展产教融合实践基地的建设，首先，学校和企业不要把目光放在短期的利益目标上，而是应当积极加强双方之间的沟通，致力于维护学校和企业的合作关系，为双方的长期合作提供有效支撑；其次，学校要更加重视对学生实践操作能力的培养，理论教学要与社会、企业的实际相联系，尽可能与学生能力培养动态需求相匹配；最后，企业要加强与学校的互动，为学生提供更多进入企业学习和实践的机会，使学生在实践基地学到的知识得到充分运用和发挥。

除此之外，校企双方还要合理有效地利用实践基地，建立实践基地管理机制和运行机制，使实践基地更好地发挥自身建设作用。

5.3.2　产教融合实践基地运行模式

近年来，高职院校越来越重视产教融合，也在不断加大对实践基地建设的投入，加强与企业的联系和沟通。但高职院校仍存在课程体系不合理、师资队伍结构不合理、缺乏科学的考核评估体系和产教融合不够深入等问题。未来应以实践基地为基础，探究其运行模式，创新人才培养模式，提升高职院校技术技能型人才培养质量，实现产教融合的不断深化。

5.3.2.1　建立校企工作室机制

校企双方应当重视校企工作室的建设和合作机制的建立，进而助力产教融合实践基地顺利发展。高职院校可以借助校企工作室这一平台，加强与企业的合作和交流，了解企业人才需求，并及时向企业表达诉求。企业只有根据高职院校的诉求进行实践基地建设，并对其进行改进与更新，才能使产教融合实践基地的发展方向更加清晰明朗。

实践基地是学校培养人才的主要场所，高职院校要积极引进企业的工作流程和员工管理模式，进而使专业的发展和人才的培养更具有方向性与针对性，逐渐形成企业为学校提供技能指导和实践指导，学校为企业输送对口人才的合作模式。建立校企工作室机制，不仅能极大地调动学生、教师和企业各方参与的积极性，也有利于实现校企双方的资源共享和成果共享。同时，让学生更清楚地认识到自己的专业水平和社会需求现状是否匹配，从而做好职业生涯规划，选择适合自己的工作岗位。总之，校企工作室机制的建立为产教融合实践基地建设提供了必要条件，实现了企业、学校、学生三方共赢。

5.3.2.2 建立健全教师评价机制

加强教师队伍的建设是培养高素质应用型人才的必要要求，建设产教融合实践基地和教师的素质与能力有着密不可分的联系。目前，我国高职院校专任教师对企业的人才结构、专业技能的需求、考核标准等缺乏足够的了解。为保证教学质量，可以对现有专任教师进行岗位培训，教师只有在掌握企业相关业务技能和流程规定的基础上，才能以企业人才需求为导向，调整教学计划与课程设置，从而使专业教学真正为企业的生产管理服务。校企合作，资源共享，还可以在企业中寻找适合教学的人员进入实践基地进行教学。

为促进教师不断进步，激发教师主观能动性，应当健全教师绩效评价与激励机制。对于实践基地的管理与教学要建立层次分明的责任体系，严格规范各项教师的工作标准和考核指标，定期对实践基地管理工作进行考核，将教师的考核情况纳入个人绩效内容，实行奖惩机制，对绩效情况优秀的教师给予奖励与表彰。只有这样，才能加强教师对实践基地的管理与维护，并在教学效果的提升上起到积极作用。

5.3.2.3 充分整合资源

为了保证教学的与时俱进，高职院校也应当实现资源的共享。合理有效地利用资源对教师的教学和学生学习十分重要。在如今的信息化时代，学校要致力于打造信息化平台。一方面，要建立与实践基地相关的资源数据库，便于全校师生学习与参考；另一方面，学校要对实践基地的公共资源进行集中化管理，便于实时了解实践基地公共资源的使用情况，避免资源闲置或者浪费。同时，通过资源的整合与共享，能够将最新的实训设备及资源引入校园，实现教学过程与生产过程相融合。

5.3.2.4 创新人才培养模式

随着产教融合程度的不断加深，学校的教学理念、企业的用人标准也在不断创新。这就更需要学校和企业在管理和理念方面加强沟通与合作，学校在教学理念方面进行创新，企业在技术技能和管理方面提供支持，共同制定创新人才培养模式。同时，在实践基地的教学过程中，要创新教学机制，严格按照企业的管理规范和实践操作要求进行教学，并将这一学习过程视为在企业工作的过程，这有助于学生树立正确的职业观念与职业道德，养成良好的工作习惯。

本章小结

本章主要阐述了产教融合实践基地建设，从我国高职院校实践基地建设现状、产教融合实践基地的功能及特征、产教融合实践基地的构建及运行模式几个方面展开论述。

第一，我们通过了解高职院校实践基地建设的内涵、特征，认识到了我国高职院校产教融合实践基地的建设现状，并分析了高职院校实践基地的类型以及投资主体。

建设高职院校实践基地主要是为学生提供生产实训的内容，让学生全方位体验生产过程。同时，实践基地的界定存在着不同标准，但实践基地应该按照企业的规章制度、管理模式要求学生。

实践基地具有真实性和生产性，在实践基地进行的教学内容应当与企业、市场所需相契合。在实践基地教学过程中，保证教学内容与市场发展相匹配，保证可以进行生产。此外，学生需要根据企业安排的时间考虑自己的各项安排，进而在实践期间达到实训的标准。

产教融合作为重要的教学方式之一，使高职院校与企业之间有了密切联系。在该方式下，建立了一批产教融合实践基地，部分高职院校已经有了相应的实践基地以及实践设备。

第二，分析了产教融合实践基地的功能，功能丰富的产教融合实践基地是高水平培养学生的重要平台。其主要在培养学生技能和提高学生创新能力，帮助学生明确市场需求、找到就业方向，为毕业生提供就业岗位，为教师提供实践锻炼机会，增强院校师资力量等方面发挥作用。为学生提供教学、技能历练、职业素养、社会服务等内容，有利于学生明确就业方向，更好地培养学生的实践和创新能力。

产教融合实践基地与企业有着极为密切的联系，在实际运行中具有完善的运行机制，可以满足企业的市场需求和招聘需求，兼顾教学与企业发展的多样化特征。

校企双方协商管理，以实体企业标准的企业化运行管理模式为主，对学生实行奖惩机制，激发学生的积极性、参与性与创新意识，从而提高学生创业就业的能力。此外，训练学生的创新思维和动手能力，培养与社会发展相适应的高素质人才。

第三，基于我国高职院校实践基地建设现状，我们要构建的是具有持续性且能有效运转的产教融合实践基地。

首先，要拓宽资金筹集的渠道。为了确保学生的实践活动有物质保障，高职院校要建立健全实践基地资金管理机制，加强对资金收入与支出明细的监管核查，确保资金的合理使用。

其次，要深化校企之间的合作。双方积极加强互动，充分发挥企业在深化产教融合中的重要主体作用。同时，校企双方要合理有效地利用实践基地，避免出现资源闲置或资源浪费的情况。

最后，要转变“重理论、轻实践”的观念。教师要注重对学生实践能力的培养及自身知识技能的更新，与时俱进。学生也要积极与企业互动，了解市场需求，把握就业方向。

第四，因为高职院校越来越重视产教融合，不断加大对实践基地的建设投入，所以对其产教融合运行模式进行探究是有必要的。

首先，高职院校建设的产教融合实践基地存在着一系列问题，因此我们需要对产教融合运行模式进行创新，并分析其运行方式。

其次，校企双方应当重视校企工作室的建设和合作机制的建立，实现企业、学校、学生三方共赢。

再次，为促进教师不断进步，激发教师的主观能动性，应当健全教师绩效评价与激励机制。

最后，为了保证教学的与时俱进，高职院校应当实现资源共享，充分整合资源，创新人才培养模式。

总之，在我国高职院校的建设发展中，产教融合的教育方式起到了十分重要的作用。在产教融合实践基地，高职院校与企业之间建立起的深层次联系促进了二者的双向发展。从学生的学习与发展来看，产教融合的教育方式让学生在校学习时就能够接触到工作内容，为学生以后的发展做铺垫。与此同时，产教融合的教学方式可以使学生在实践的过程中全面提升各项能力素质。

第6章

产教融合人才培养的有效性分析

6.1 有效性评价标准

产教融合人才培养的有效性评价标准能够直观反映人才培养效果，是评价人才培养方式是否正确的根本依据。目前，我国越来越多的高职院校采取产教融合的方式进行教学改革，一方面是因为当前就业市场的需求以及产业结构的调整，另一方面是学生需要具备高素质的技术技能。所以，产教融合是最佳的教学方式，学校和企业深度合作、协同育人，共同制定人才培养方案、明确人才培养模式。有效性评价标准的关键是产教融合人才培养是否达到预期效果。因此，在产教融合人才培养过程中，需要建立有效性评价标准，以便更准确地反映人才培养方式的效果和质量。

6.1.1 毕业生对高职院校的满意度

毕业生对高职院校的满意度是衡量人才培养效果的重要指标之一。根据调查，高职院校的毕业生对母校的满意度在逐年上升，从2017年的90%增加到2021年的93%。由此可以看出，毕业生在校期间，对高职院校的各方面都较为满意，如高职院校的管理、教师的教学、人才的培养、与企业的有效合作等。

高职院校调查跟踪毕业生对母校的满意度，目的在于了解毕业生对学校教育、人才培养的心理变化情况，有利于高职院校从课程教学、教师能力、科研训练、学校管理与服务、人才培养方案等维度对自身作出评价，进而根据调查结果，对这些维度涉及的不同方面进行调整和改进。高职院校主要围绕母校的教学质量、教学管理水平、生活服务等方面对毕业生进行满意度调查，毕业生对高职院校的满意度评价关系到高职院校是否要对教育方式、管理方式等进行改革创新，以保障高职院校的可持续发展。

高职院校可以通过分析影响毕业生满意度的评价因素，采取有针对性的措施，提高教学、管理的针对性，改进人才培养方案。毕业生对母校的满意度体现了学生在校时对学校各个方面的满意程度，也反映了高职院校在提升教育服务水平以及推进人才培养计划等方面的举措是否有成效。

6.1.2　毕业生对校企合作效果的评价

毕业生对校企合作效果的评价是评价产教融合教学方式是否有效的关键标准。毕业生在校期间，校企合作的形式改变了学生传统的学习模式，让学生不再一味地在教室里学习理论知识，而是走出教室，去动手实践。

随着教育方式的不断改革、就业市场需求的不断变化，如今很多岗位对毕业生的实践能力有着较高的要求，这也需要高职院校这一教育主体改变教学方式，与综合实力较强的企业进行教育合作。多年来，产教融合的校企合作教学形式已经越来越普遍，各个高职院校都纷纷倾向于这一教学方式，效果也非常显著。在校企合作过程中，毕业生可以进入企业生产实践基地实习，锻炼自己的实践技能，这不仅有利于毕业生达到日后的就业要求，而且可以增强毕业生对企业的文化认同，使毕业生适应企业管理模式。不仅如此，企业还会从高职院校引进先进的经验技术和设备资源，让学生的学习过程与生产过程同步，这打消了学生毕业后进入企业的顾虑，实现了学生毕业和就业的无缝衔接。

高职院校主要面向应届毕业生，通过调查毕业生对校企合作效果的评价，得出校企合作这一形式对学生的实践能力、综合素质能力等方面的培养是否有效，进而助推学生的全面发展，提高学生的就业竞争力。

6.1.3 毕业生的就业方向

近年来，高职院校毕业生数量呈增长趋势，由于产教融合、校企合作各种新型教育方式的涌现，学生有了更多的选择。在校时，学生学习自己专业的理论知识的方式不再单一，可以将自己所学的专业知识及时运用到实践当中，进而明确自己是否对本专业感兴趣、自己的能力是否达到专业要求。因此，毕业生的就业方向、就业选择是评价人才培养是否有效的标准之一。

目前，我国就业市场处于平稳的态势，许多新兴产业出现，产业结构调整，经济结构也在变化，但仍然存在很多不确定的因素。面临着大环境的挑战，就业竞争力增大，就业形势严峻，部分毕业生在选择就业时还是会有后顾之忧。在面临毕业就业的选择时，每个毕业生都有不同的选择方向，如升学、出国留学、自主创业等，因人而异。归根结底，毕业生通常会根据其在校时的学习成果、专业能力、综合素质等选择就业方向。

当高职院校的人才培养方案产生效果时，学生的专业能力会提高，进而会有大部分学生在毕业后选择与本专业相关的工作。因为产教融合人才培养的效果显著，学生在校时就已经进入企业进行实践培训，或者进入企业参观，体验过企业的管理模式，这时学生相当于已经有了一定的工作体验，且工作经验和自己的专业息息相关，所以很多毕业生会选择寻找与自己专业对口的工作，或者企业直接招聘毕业生到该企业实习、工作。这不仅解决了毕业生的就业问题，也解决了企业在招聘新员工时还要花时间培训新员工的问题，提高了企业招聘的针对性，反映出了产教融合人才培养的有效性。

6.1.4 毕业生的就业质量

高职院校毕业生的就业质量是评价人才培养效果的核心内容，也是检验产教融合教学效果的重要指标。毕业生的就业质量主要从就业单位层次、用人单位评价等角度进行衡量。

近年来，很多毕业生对就业质量的要求越来越高，而就业质量大多取决于企业能力、就业单位待遇、薪资水平等方面。根据对毕业生就业的追踪调查分析，80% 以上的毕业生首选大企业或声望较好的用人单位，因为他们认为这类企业待遇福利好，有发展前景，同时，这也是一种企业效益的驱动。高职院校在与企业合作时，会选择一些实力较强、影响力较大的企业。这类企业的管理能力、教学能力、生产能力都不会差，有助于给学生带来更好的学习效果。

由于毕业生在校时就已经接受过企业的培训，并且产教融合方式在不断深入，学生的学习效果越来越明显，这说明学生在毕业之前，就已经具备了部分就业能力。在学习和培训过程中，学校和企业会随时关注市场就业需求的变化，以便根据市场的需求改变教学方式，使学生的学习与市场同步，进而提高学生毕业后的就业质量。这时，产教融合人才培养是有效果的，因为这一教学方式可以准确捕捉到市场需求，保证学生学习和实践的内容是与就业市场相符的，不会出现学生毕业后觉得自己所学的东西用不上或者与工作无关的情况。因此，毕业生的就业质量会直观反映产教融合人才培养的有效性。

6.1.5　教师教学能力

教师教学能力是衡量产教融合人才培养是否具有有效性的重要标准。教师的教学能力可以反映教学效果，而教学效果会直接影响产教融合人才培养的效果。教师在教学过程中，要考虑学生的学习能力、知识接受能力以及学习效率，以便及时改进教学方式，采取适合的教学方式，提高教学的针对性。

在产教融合、校企合作的过程中，企业会向院校引进资源，其中就包括教师资源。企业会派出资深的、有经验的老员工进入学校为学生授课。有些高职院校还会聘请企业内部员工在学校做兼职教师，这样有利于加强高职院校的教师团队建设、补充师资力量。这类兼职教师在为学生授课时，也会向学生传授在企业的工作经验及内容，激发学生的学习兴趣，提高学生的学习效率。教师具备教学能力最主要的表现是学生和教师之间存在良性互动，在课堂教学、课后实践都要进行互动，确保达到良好的教学效果。

同时，学校的教师也会同企业员工进行交流，提高自身的实践能力，在教学过程中实现理论知识和实践知识相结合。因为与企业进行合作，教师可以获取到更多的外部资源，进而可以利用这些资源根据学生的实际需求创新教学方式，拓展学生学习的深度与宽度。因此，教师的教学能力很重要，能准确反映产教融合人才培养的有效性。

6.2 有效性评价指标体系构建

产教融合人才培养是当前人才培养的新趋势，涉及教育、产业、社会等多个领域的协同与融合。为了评价产教融合人才培养的有效性，需要建立一套有效性评价指标体系，以全面反映产教融合人才培养的质量和效果。

有效性评价指标体系是评价产教融合人才培养是否成功的关键。在构建有效性评价指标体系时，不仅要考虑培养质量，也要考虑培养效果，以下是一些可能的指标。

6.2.1 学生就业率和就业情况

高校教育的目标之一是为学生提供以就业为导向的职业教育，以提高学生的就业能力和竞争力。因此，学生就业率和就业情况是评估高校产教融合人才培养的重要指标之一。要全面评价学生的就业情况，需要从以下几个方面考虑。

6.2.1.1 整体就业率

整体就业率是衡量学校培养质量的重要标志之一。高就业率可以反映出学校对学生职业教育的重视程度和对学生进行职业教育的成效。如果学生整体就业率有所提高，那么不仅可以提高毕业生的职业竞争力，也会进一步提高学校的声誉和知名度。

除了整体就业率，学校还应该关注毕业生的就业质量。毕业生就业的行业、职位、薪资等能反映学校培养质量。如果毕业生任职于国际化企业、高科技企业等的高薪职位，那么可以在一定程度上表明学校对学生知识水平和能力培养到位，毕业生的职业素质和综合能力基本能够达到企业的要求。

此外，学校还应该关注毕业生的创业状况。许多毕业生在校园中时就已经开始了自己的创业项目。创业者虽无需依赖传统的就业市场找工作，但一定要靠自己的努力推动创业项目发展。学校应该积极支持和鼓励学生创业，并为他们提供必要的资源和帮助。

6.2.1.2　就业领域是否与所学专业相关

毕业生能否找到与所学专业相关的工作，关系到学校产教融合人才培养的质量和效果。如果与学生所学专业相关的工作面临劳动力短缺或者有着广阔的市场需求，那么学生的就业前景会更加广阔，他们也能在事业上取得成功。

不同专业就业的难易度不同，有些学生很容易找到与所学专业相关的工作，而有些学生需要花费更多的时间和精力进行自我评估与市场调查以找到一份工作。此时，学校需要做好导向工作，为学生提供更多的相关信息和实践机会，增强学生对所学专业的认知和理解。

此外，学校还可以与企业、科研机构和国家机构合作，增加与企业合作的机会，提高学生的实践能力，丰富学生的经验。只有具备相关实践能力和经验，学生才有可能找到与所学专业相关的工作，实现成功就业。

学校应该积极引导和帮助学生顺应市场需求、增强综合实力、提高创新能力、提升专业水平、拓宽视野，为他们找到与所学专业相关的工作提供有力支撑。

6.2.1.3　就业岗位的工作内容和薪资待遇

在评价高校产教融合人才培养质量时，毕业生就业岗位的工作内容和薪资待遇也是非常重要的因素。因为毕业生就业岗位的工作内容和薪资待遇既反映了该校培养出的专业人才的实际应用能力和就业竞争力，也反映了毕业生在现实生活中的生存需求。

首先，毕业生选择的工作内容是否与专业相关是评估高校产教融合人才培养质量的重要指标之一。如果毕业生能够找到与所学专业相关的工作，那么可以全面体现高校在专业课程设置和教学管理方面的水平，以及其在产业转型升级和市场需求变化等方面对就业市场的洞察能力。

其次，就业岗位的工作内容和薪资待遇是衡量毕业生就业情况的重要指标之一。如果毕业生能够找到高薪工作，那么可以表明该校的人才培养方案及其延伸实践环节能够满足企业对于人才素质和综合能力的需求，更好地为校园人才走向社会就业提供了广阔的舞台和展示机会。

对于高校而言，要想培养出更多有市场需求和社会价值的毕业生，就要关注其就业岗位的工作内容和薪资待遇。这既能反映校园教育的水平和效果，也能衡量高校产教融合人才培养质量。

6.2.2 毕业生薪资水平

毕业生薪资水平是衡量产教融合人才培养质量的一个重要指标。对于学生而言，找到一份好工作是他们在学校期间努力学习的目标之一，而对于雇主而言，雇用毕业生是为了满足市场对人力资源的需求。因此，毕业生的薪资水平既反映了学校产教融合人才培养质量的高低，也直接影响毕业生的职业规划和生活质量。

在评价毕业生的薪资水平时，学校和企业应该根据市场需求和就业标准，对毕业生薪资进行评估和调查，以了解产教融合人才培养的质量和市场竞争力。首先，学校应该关注就业市场的变化，积极了解企业的用人需求和对毕业生的薪资水平要求，并以此为基础制定专业课程和就业辅导计划，提高学生的综合能力和竞争力。

其次，企业应该根据市场需求和人才供需状况，制定合理的薪资标准，了解毕业生薪资水平的相关信息。通过这种方式，企业可以了解市场对于就业人才薪资水平的期望，并根据市场变化适时调整自身的用人政策，支持毕业生的职业发展。

最后，政府和社会应该关注毕业生薪资水平，制定合理的人才政策和税收政策，优化人才流动机制，吸引更多毕业生进入就业市场，创造更好的就业环境和公平分配机制。

衡量人才培养质量和就业价值的一个重要指标是毕业生薪资水平。学校和企业应该充分关注市场需求和就业标准，为毕业生提供有竞争力的薪资待遇，支持他们在职业道路上取得更好的成果。政府和社会应该引导人才合理流动和合理分配，为毕业生创造更好的就业环境和公平分配机制。

6.2.3　课程设置和学习方法

课程设置和学习方法是人才培养的重要组成部分，对学生的知识积累和能力提升有着至关重要的作用。在产教融合人才培养中，学校需要关注课程设置和学习方法，满足实际需求，提供就业方向，对学生进行更好的知识支持和能力培养。

在评价课程设置时，需要考虑课程的知识点、实践应用、产业需求和学生反馈等要素。首先，课程设置应该贴合社会需求和产业发展趋势，满足企业对人才的需求，包括对技能、知识和实践能力的需求。其次，针对不同专业和学生的需求，应该开设不同类型和难度的课程，包括基础课程、专业课程、综合实践等，并以此为基础提高学生的综合素质和能力。

另外，学习方法也是人才培养过程中十分重要的一环。科学、有效和实用的学习方法有助于学生更好地学习和掌握所学知识，使学生丰富学习成果，做好就业准备。针对不同学生的需求和特点，学校应该探索先进的教学方法和教学模式，包括现代化信息技术、课堂互动、案例教学等，并以此为基础不断提高教学效果和学生的综合能力。

课程设置和学习方法是衡量人才培养质量的一个重要指标。学校需要关注实际需求和就业方向，合理设置课程和教学方法，提高学生的综合素质和能力。另外，需要不断更新课程，提高教学质量和学生的满意度，为学生的职业发展提供更多的支持和帮助。

6.2.4 产学合作项目效果

产学合作项目是产教融合人才培养的重要组成部分，能够帮助学生更好地了解产业需求和应用技术，在实践中积累经验和提升能力。在评估产学合作项目效果时，需要考虑多个方面，包括项目目标是否达成、产业企业和学校之间的互动情况、项目的长期收益影响等。

首先，需要考虑项目目标是否达成。在产学合作项目中，项目的目标是指产业企业和学校共同制定的项目目标，包括学生能力提升、企业技术革新、科研成果转化等。在评估项目效果时，需要对比项目实际达成的效果与原定目标的一致性，如果目标达成的效果显著，则说明项目效果良好。

其次，需要考虑产业企业和学校之间的互动情况。产业企业和学校之间的互动，不仅体现了产学合作项目的合作精神，也是评估项目效果是否良好的重要指标。这种互动可以体现在项目制定过程、项目执行和评估阶段，对于提高项目效果、确保项目顺利进行具有重要作用。

最后，需要考虑项目的长期收益影响。产学合作项目的长期收益，包括为学生就业提供支持、为企业技术创新提供服务、为学校长远发展提供助力等。如果项目的长期效益显著，则说明项目带来的影响是深远、持久的，相应的项目效果也能得到有效的证明和评估。

总的来说，产学合作项目的成功与否，既取决于产业企业和学校之间的合作精神与专业知识，也需要学生的投入和支持。只有针对以上方面进行有效的评估和管理，才能确保产学合作项目的效果与目标相一致。

6.2.5 教学资源

教学资源是丰富人才培养实践内容和加强产教融合的重要保障。它能够帮助学生更好地掌握实践技能和理论知识，满足企业对人才的需求，促进学生和企业之间的互动与沟通。教学资源主要包括学校提供的实训场所、职业技能认证中心、实验室等，以及企业提供的生产设备、技术平台和管理资源等。

对于学校而言，教学资源是人才培养质量和效益的重要保证。实训场所、职业技能认证中心、实验室等能够为学生提供一个模拟实际工作环境的学习平台，让学生接触到真实的生产流程和管理方式，并使其在实践中提高技能水平和综合素质。同时，学校需要不断更新教学资源，并保障资源的使用效果和产出效益，以此为基础培养更多高素质、高技能的人才。

对于企业而言，教学资源是重要的投资和产出渠道。企业可以向学校提供生产设备和技术平台等实践资源，通过课程设置和教学评估等方式参与、推动人才培养过程；企业还可以向学生提供实习岗位和就业机会，吸收和培养更多适应企业需求的高素质人才，为企业自身的发展提供人才支持。

教学资源是人才培养实践的重要保障和推动力量。学校和企业需要密切合作，合理配置和使用教学资源，提高人才培养质量和效益。同时，针对不同的人才培养需求和实践环境，需要探索合适的教学资源和管理模式，并以此为基础培养更多适合社会和市场需求的高素质人才。

6.2.6　课堂教学效果

课堂教学效果是衡量教师教学和学生学习成果的重要指标。它体现了教育教学的价值和效益，反映了教师教学能力和学生学习态度。课堂教学效果主要包括教学内容设置是否满足实际需求、教学方法是否科学有效、学生对课程的掌握情况等多个方面。

首先，教学内容设置是否满足实际需求是评估课堂教学效果的重要条件。教学内容设置要与行业和专业需求相契合，注重结合实践实际和理论知识，确保学生所学知识和技能能够与实际工作相匹配。此外，教学内容的可塑性和针对性也是重要的考察因素，如能够根据学生的特点和所在学习阶段进行优化与适配。

其次，教学方法是否科学有效是评估课堂教学效果的重要标准。教师需要选择合适的教学方法和手段，以满足不同学习者的需求。教学方法的选用应注重实践、开放和互动，让学生在课堂中参与到具体操作和讨论中，并通过体验学习加深对知识的理解和掌握。

最后，学生对课程的掌握情况是评估课堂教学效果的重要标准。教学效果好不好，要看学生是否掌握了重要的理论知识和实际技能，是否能将其运用到实践场景中。学生的学习情况可以采用课堂测验、作业表现、实践操作等多种评估手段进行衡量。

课堂教学效果是衡量教育教学质量的重要指标，需要考虑多个方面，包括教学内容的实用性、教学方法的科学有效性和学生的掌握情况等。教师需要不断提高自身的教学水平和能力，不断探索和尝试，并以此为基础提升课堂教学的效果。

6.2.7 实习实训效果

实习教育是高校培养人才的重要环节，而实习效果的好坏直接关系到学生的职业素养和就业竞争力。实习效果主要包括实习项目设置的质量、实习机会的数量、对实习过程的监督和指导三个方面。

首先，实习项目设置的质量是评估实习效果的关键因素。学校需要根据行业和专业需求，制订科学合理的实习计划和教育方案，为学生提供有针对性、有挑战性的实习项目。此外，实习的时间、地点、内容等设置也应具有选择性和灵活性，要充分考虑到学生个体和实践场景的差异性。

其次，实习机会的数量是评估实习效果的重要因素。学校需要与行业企业合作，积极争取更多的实习资源和机会，为学生提供更多的实践平台。同时，学校还需要加强对实习单位的监督和评估，确保实习的质量和学生实习期间的人身安全。

最后，对实习过程的监督和指导是评估实习效果的重要内容。实习过程中，学校需要指派专业教师和实习辅导员对学生进行实时监督和指导，借助实践操作、培训讲座等多种方式，提高学生的实践技能和职业素养。

实习效果是评价学校人才培养质量的重要指标。学校需要注重实习教育的质量、实习机会的数量、实习过程的监督和指导等多个方面，为学生提供一个充满挑战和机遇的实践环境。同时，学校还需要与行业企业紧密合作，不断拓展实习资源和机会，助力学生更好地成长和发展。

综上所述，有效性评价指标体系是衡量产教融合人才培养是否成功的关键。在建立指标体系时，应综合考虑学生就业情况、毕业生薪资水平、课程设置和学习方法、产学合作项目效果等方面。这些指标可以为学校和企业提供积极的信息反馈，进一步优化人才培养的方法和策略，使人才更好地满足市场需求。

6.3　有效性评价影响因素分析

针对产教融合人才培养的有效性评价，有多个因素会产生影响。以下是可能存在影响的因素。

6.3.1　产业企业方面

6.3.1.1　产业企业的发展水平与要求

产业的发展水平和对人才的需求是决定产教融合人才培养是否有效的重要因素。如果产业发展需要的人才与学校培养的人才需求不匹配，那么每年就会有大量毕业生面临不能顺利就业的尴尬境地，这也反映了该产业企业和学校之间缺少密切合作。

在现代社会中，科技和工业发展日新月异，在多样化的市场需求下，人才培养也必须不断地调整和创新，以满足新市场的人才需求。如果产业企业对人才的要求与学校对人才的要求不匹配，那么产教融合人才培养的效果就会大打折扣。因此，产业企业应该与学校深度合作，制订符合市场需求的教育计划，合理地设置课程，同时加强对实习、就业等方面的支持和指导，为学生的就业和成长提供充分的保障。

6.3.1.2　产业企业的资源支持和合作意愿

产业企业的资源支持和合作意愿对产教融合人才培养的有效性起到至

关重要的作用。如果产业企业缺乏资源支持，无法为学校提供行业内部的高端设备和实际经验的分享，那么学校开展的实践性课程的教学质量很难有所提高。

产业企业应该充分发挥自身资源和优势，与学校合作，为学生提供更好的学习环境和实践机会。例如，企业可以提供实习基地、职业技能认证中心、庞大的行业人力交流平台等，使学生能够在真实的生产环境中学习和实习，在项目实践中掌握更加专业化的技能。此外，对于学生的就业和发展，产业企业也应该积极开展校企合作，建立良好的校企互动合作机制，帮助学生顺利地进入职场。

增强产教融合人才培养的有效性需要产业企业、学校和学生的共同努力。不仅学校应该对人才培养进行不断创新和调整，提高教学质量和扩大覆盖面，企业与学校之间的合作也应该更加紧密，二者通过加强合作，为人才培养提供资源和经验支持，为实现真正意义上的产教融合人才培养提供更有力的保障。

6.3.2 学校方面

6.3.2.1 学校整体水平

学校整体水平直接影响学生学习效果和素质的提升。如果学校在教学设备等方面投入不足，出现教师缺乏实际经验、未关注产业的创新动向、毫无创新精神等问题，那么产教融合人才培养就会成为一个口号而失去作用。

除培养学生必要的专业素质外，学校还应该坚持提高自身教学水平和学术实力，加强创新与探索，尽可能地与产业企业合作，让学生更好地了解现代社会及市场需求的发展趋势。教师应该具备丰富的实践经验，熟知行业的现状和发展趋势，了解并规划未来的发展。因此，学校应投入更多的资源和经费，改进校内的教学设备和方法，尝试引进行业内最新的科技和技术，以满足对学生的培养要求。

6.3.2.2　学校与产业企业合作的紧密程度

学校与产业企业合作的紧密程度是影响学生学习效果和素质提升的又一主要因素。如果学校持与产业企业紧密合作的态度，那么学生面对真正的学习环境的机会就会变得很多。同样，产业企业也希望受到学校方面教学资源的启发和帮助并听取学校的分享、意见和反馈，以吸纳更多的优秀人才。

加强学校和产业企业之间的合作有助于实现产教融合人才培养的最大化成功。合作的紧密程度不仅限于物质层面的资源共享，还应注重开展项目、职业咨询、技术支持、人才培训等方面的合作。这种互补式的合作模式可以让学生更好地获得实践和实用性技能的培养，并与行业内的专业人士建立联系和交流，更好地掌握市场动态，并更好地适应未来的就业市场。在合作中，学校还可以通过与产业企业分享自己的优势和资源，增加校内的教学资源和学科资源，并为产业企业提供人才培训素材和研究成果。

学校与产业企业之间能否紧密合作是产教融合人才培养能否成功的关键因素之一。只有学校与产业企业紧密合作，共同开拓人才的培养空间，才能更好地培养高素质人才，满足市场需求并推进产业升级发展。

6.3.3　学生方面

6.3.3.1　学生的学习态度

学生的学习态度是决定产教融合人才培养有效性的一个重要因素。如果学生在学习过程中缺乏积极性和责任感，那么即便再紧密的产教融合人才培养工作也难以发挥应有的效用。为了解决这个问题，学校和产业企业可以采取一系列措施，如开展实践教学，让学生充分了解实际工作的挑战和机遇，激发学生的自主学习兴趣，提高学生的参与度和学习意愿。

学校和产业企业可以共同营造一个学习、实践、创新、交流的环境，鼓励学生积极参与，为他们提供更多的实践机会和学术支持，创造更多的自主发展机会，帮助学生端正学习态度和提高自信心。

6.3.3.2 学生的素质水平

学生的素质水平是决定产教融合人才培养有效性的另一个重要因素。如果在开始学习时学生的素质水平偏低，那么其素质水平的提升就难以达到预期效果。为了解决这个问题，学校应该更加关注素质教育，加强学生的基本功培养和综合素质提升。同时，让学生了解未来的就业方向并提前了解市场需求，有目的地进行自我学习和专业知识的纵向拓展，以满足未来市场的需求。

为了更好地提高学生的素质水平，学校应该支持学生继续学习和参加各种实践活动，并采取一系列具有实践性、研究性、创新性的人才培养方式。同时，学校还应该充分发挥校内外课程资源优势，提供职业顾问服务，帮助学生规划职业生涯，提供就业指导和交流平台。

学生的学习态度和素质水平是影响产教融合人才培养有效性的重要因素。将学生的整体素质提高到更高水平，有利于他们更好地适应未来就业市场的要求，并为产业升级和市场变化做充分的准备。产教融合人才培养的有效性评价受到产业企业、学校和学生三个方面的影响。要想提高产教融合人才培养的有效性，学校和产业企业就要共同担负责任，协同合作，切实助力学生的成功就业。

本章小结

本章主要分析了产教融合人才培养的有效性，从有效性评价标准、有效性评价指标体系构建、有效性评价影响因素分析三个方面展开论述。

第一，要想进行有效性评价，我们要先建立产教融合人才培养的评价标准，且该标准要能反映人才培养效果，以便提升产教融合人才培养的有效性。

一是毕业生作出的评价。毕业生对母校的满意度是衡量人才培养效果的重要指标之一，高职院校可以通过分析影响毕业生满意度的评价因素，采取改进措施，改进人才培养方案。而毕业生对校企合作效果的评价是评价产教融合教学方式是否有效的关键标准。

二是毕业生的就业方向、就业质量。毕业生的就业方向、就业质量是评价人才培养是否有效的标准之一。有效的产教融合培养会提高毕业生的就业质量，帮助毕业生作出正确的就业选择。毕业生会根据在校时的人才培养效果，决定是否选择与本专业相关的工作。如果毕业生选择自己熟悉的工作，那么其就业质量会随之提高。因此，毕业生的就业方向、就业质量会直观地反映产教融合人才培养的有效性。

三是教师的教学能力。教师的教学能力是衡量产教融合人才培养有效性的重要标准。在校企合作过程中，企业会引进教师资源，这样不仅补充了师资力量，激发了学生的学习兴趣，提升了学生的学习效果，也促进了教师创新教学方式，以实现最佳的教学效果。

第二，有效性评价指标体系是评估产教融合人才培养是否成功的关键。

一是可以通过学生就业率和就业情况、毕业生薪资水平、课程设置和学习方法、产学合作项目效果、教学资源、课堂教学效果、实习实训效果等指标评估学生的培养质量和培养效果。

二是学生就业率和就业情况可以从几个方面进行考虑评估。其中，包括整体就业率、就业领域是否与所学专业相关及就业岗位的工作内容和薪资待遇。衡量人才培养质量和就业价值的一个重要指标是毕业生薪资水平，政府和社会应该引导人才合理流动和合理分配，为毕业生创造更好的就业环境和公平分配机制。

三是在产教融合人才培养中，学校需要关注课程设置和学习方法是否符合实际需求和就业方向，是否能为学生提供更好的理论支持和能力培养。产学合作项目是产教融合人才培养的重要组成部分，能帮助学生更好地了解产业需求和应用技术，在实践中积累经验和提升能力。

四是教学资源是丰富人才培养实践内容和加强产教融合的重要保障。

对于学校而言，学校需要不断更新教学资源；对于企业而言，企业可以向学校提供生产设备和技术平台等实践资源。课堂教学效果是衡量教师教学和学生学习成果的重要指标，要考虑多个方面，包括教学内容的实用性、教学方法的科学有效性和学生的掌握情况等。

五是实习教育是高校培养人才的重要环节，可以为学生提供一个充满挑战和机遇的实践环境，而实习效果的好坏直接关系到学生的职业素养和就业竞争力。同时，学校需要与行业企业紧密合作，不断拓展实习资源和机会，助力学生更好地成长和发展。

第三，产教融合人才培养的有效性评价受到几个方面影响。

一是生产企业方面，其中受产业企业的发展水平与要求、产业企业的资源支持和合作意愿的影响较大。产业的发展水平和对人才的需求是决定产教融合人才培养是否有效的重要因素。产业企业应该与学校深度合作，制订符合市场需求的教育计划，合理地设置课程；产业企业与学校之间的合作应该变得更加紧密，通过加强合作，提供资源和经验支持，为实现产教融合人才培养提供充分的保障。

二是学校方面，其中受学校整体水平、学校与产业企业合作的紧密程度的影响较大。学校的整体水平直接影响学生的学习效果和素质提升。学校应投入更多的资源和经费，更新校内的教学设备，尝试引进行业内最新的技术。只有学校与产业企业紧密合作，共同开拓人才的培养空间，才能更好地培养高素质人才，满足市场需求并推进产业升级发展。

三是学生方面，其中受学生学习态度、素质水平的影响较大。学生的学习态度是决定产教融合人才培养有效性的重要因素。学校应该重点关注素质教育，加强学生的基本功培养和综合素质提升，让学生了解未来的就业方向并提前了解市场需求，以满足未来市场的需求。

总之，产教融合人才培养的有效性分析需要建立评价标准，通过大量指标衡量产教融合人才培养是否达到预期效果，从而确定是否实现了产教融合人才培养的目标。同时，这些用来衡量的指标为学校和企业提供了有效的信息反馈，便于校企双方进一步优化人才培养模式，以更好地满足就业市场需求，使学生可以实现毕业到岗。另外，产教融合人才培养的有效性分析受企业、学校、学生三个方面因素的影响，需要企业和学校不断加强沟通合作，为学生创造良好的条件，使人才培养与市场需求相匹配，从而有效实现产教融合人才培养。

第7章

自贸港背景下产教融合与校企一体化人才培养案例

7.1 案例一 面向海南自贸港建设的国际经济与贸易专业群构建

7.1.1 建设背景

7.1.1.1 海南自贸港建设，为专业群带来发展机遇

2018年4月13日，习近平总书记在庆祝海南建省办经济特区30周年大会上宣布支持海南全岛建设自由贸易试验区。探索建设具有中国特色的自贸港，赋予海南打造全面深化改革开放新标杆的历史使命。重点发展现代服务业，加快服务贸易创新发展，促进服务业优化升级，形成以服务型经济为主的产业结构；要求海南坚决贯彻新发展理念，建设现代化经济体系，在推动经济高质量发展方面走在全国前列是习近平总书记海南“4·13”讲话中的重要精神。坚持以供给侧结构性改革为主线，围绕“现代服务业”等三大重点领域，加快建设现代化经济体系是海南省为响应“4·13”讲话精神而作出的重要举措。为重点服务海南自贸港建设中的国际旅游消费中心，具有新商贸特色的国际经济与贸易专业群迎来发展新机遇。

7.1.1.2 职业教育新发展战略，为专业群带来改革机遇

《国家职业教育改革实施方案》的发布和服务业转型升级为人才培养、

服务自由贸易、专业群发展壮大提供了机遇，国际经济与贸易专业群迎来了发展的春天。海南自贸港建设中，新商贸人才供给不足是海南贸易经济发展的瓶颈，高标准建设国际经济与贸易专业群是实现新商贸人才供给侧和自由贸易产业需求侧结构要素全方位融合的必然机遇。

7.1.2　组群逻辑

7.1.2.1　根据建设国际旅游消费中心的岗位群需求组群

为保证"商贸融通、物畅其流"，国际经济与贸易专业群以打造"东方迪拜式的国际旅游消费中心"为目标的新商贸人才需求为导向，以大数据思维和大数据应用为切入点对国际经济与贸易、报关与国际货运、物流管理、电子商务等专业进行重组、改造、升级，将数字技术融入课程，主动适应"新商贸"的变革，以新理念、新模式、新方法为学生提供综合性的跨专业教育，进行新商贸人才培养供给侧的系统化再造，为海南打造国际旅游消费中心提供强有力的技术技能人才和技术服务支撑。

7.1.2.2　根据建设国际旅游消费中心岗位群人才需求确定培养定位

当下，海南建设自贸港、打造国际旅游消费中心，国际贸易的范围、类型、形式以及规则发生了巨大变革。面对新变化，企业需要知识更全面、能力更综合的新商贸人才为之提供更便捷、更高效的专业服务。基于此，国际经济与贸易专业群瞄准海南自贸港建设中的国际旅游消费中心和会展经济的商流、物流、信息流与资金流四大类主要岗位群，培养"通政经、善合作、可跨界、能创新"的新商贸人才。

7.1.3　建设目标

通过建设，专业群将面向现代服务业，密切对接海南自贸港的国际旅游消费中心建设中对新商贸人才的需求，支持海南自贸港的发展，做全国同类专业群的先行先试者和改革引领者，成功打造新商贸技术技能人才培养高地和技术技能创新服务平台；培养、培训大量熟悉自贸港贸易新规则和新流程的新商贸人才；为提升自贸港各企业的贸易效率、贸易自由化程度和降低经营成本，为自贸港建设注入新活力、促进新发展作出更大的贡献。

到2023年，实现海南自贸港的国际旅游消费中心建设中的新商贸人才供给侧和需求侧结构要素的高度融合，有效填补海南自贸港国际旅游消费中心建设中的新商贸技术技能人才缺口，毕业生对口就业率高于80%，用人单位满意度达90%以上；打造一支在海南自贸港国际旅游消费中心建设中具有较高影响力和充分话语权的“双师型”师资队伍，使他们的研究成果广泛地为政府和企业所用；实现新商贸人才的学历教育和在职培训并驾齐驱，企业在职员工培训量翻番；实现专业群教学资源的内涵、形式、种类、适用面和质量均具有自贸港国际旅游消费中心特色并达到省内外领先水平，更好地满足人才培养培训所需并推广应用于同行；最终为海南自贸港国际旅游消费中心的建设提供最有力的新商贸人才和技术支撑的专业群。

7.1.4 建设内容

为科学建设国际经济与贸易专业群，为自贸港国际旅游消费中心建设提供高技能新商贸人才供给，为引领国内外同类院校发展，专业群建设从课程资源建设、教材教法改革、师资队伍建设、实践基地建设、技术技能水平提升、社会服务提供、国际交流与合作及体制机制建设等多方面展开。

7.1.4.1 重构专业群课程体系，培养“通政经、善合作、可跨界、能创新”的复合型新商贸人才

首先，使用“融合”与“赋能”的思路。“融合”主要是打破专业界限设计群课程体系。“赋能”主要是技术赋能和文化赋能，将互联网、大数据等新技术，广泛渗入专业群人才培养过程中，大幅提升专业的技术性；在给学生传授经济规律、现代营销思维、沟通能力和商务操作技术等时，融入人文情怀、职业道德和工匠精神等课程思政内容。其次，在专业群“融合”中保留专业的“个性”，使毕业生在适应与国际旅游消费中心

建设相关的业务岗位的前提下，具有跨岗位综合发展的可能。最后，考虑和计划专业群课程体系下各专业课程的新建、改造和升级。

7.1.4.2　开发活页式教材，推动信息化、情境式教学改革

依据产业发展趋势，制订并执行专业群人才培养方案，设计课程体系，制定专业群课程标准，落实立德树人的根本任务，坚持全员、全过程、全方位育人，注重坚守专业精神、职业精神和工匠精神，推动实施教材与教法改革。课程标准的设计必须从人才培养方案计划的课程性质和任务、相关课程的衔接、教学基本要求、教学方法与重难点、课时的分配、课程的考核方式等方面着手。教材改革必须坚持教材内容的逻辑性与新商贸岗位工作的整体性相统一原则，在现行的各专业教材编排体系中增加一些产业、行业经典实践案例和与社会生活密切联系的案例，这对学生理解专业知识、代入岗位角色有重要作用；同时，根据教学目标和课程标准，编写课程讲义、数字化教材等，开发适用于不同生源类型的活页式教材、工作手册式教材等，以适应“互联网+职业教育”发展需求；教学过程根据新商贸产教园的经营环境、工作氛围、学生来源、教师经历和教学改革目标进行教法改革，以项目为载体，以任务为驱动，以业务操作流程为主线，运用现代信息技术和采取翻转课堂、慕课等多样化教法提高教学效果，促进学生自主化、个性化学习，以达到多样化的课程目标。

7.1.4.3　打造“专兼结合、境内外结合”的创新团队

依托学院高水平师资队伍建设工程，优化师资结构，在信息共享的条件下，先人一步，提升教师的核心能力——创造新知识的能力，即教师的新资本。围绕“海南自贸港商业智库”建设，立足新商贸的技术创新、技术集成及技术赋能进行专业研究，提升教学团队的教学、实践、科研和服务能力，打造一支“专兼结合、境内外结合”的师资队伍。采用“跨国公司锻炼+国内（外）培训+资格认证+技能服务”的方式，多渠道分层次培养专业教师。遴选教学名师或专业带头人、企业经理或业务能手作为导师，对青年教师实行“一对一”传、帮、带。利用产业学院、国际商贸职

教联盟、合作企业等条件，让群带头人、专业带头人和骨干教师定时轮流兼职兼薪参与具体业务的运营，以丰富其业务经历，提高其教学科研与服务指导能力；每年至少一次派群带头人、专业带头人和骨干教师到中国香港、中国台湾、迪拜、新加坡、纽约等地考察、调研、挂职，国（境）外企业挂职经历要求群带头人的挂职经历至少一年以上、专业带头人至少半年以上、骨干教师至少三个月以上、其他普通教师至少经历一个月以上；聘请企业业务精英到校内外实践基地兼课，签订协议并做好培养；拓宽教师国际化视野和思路，使专兼职教师共同成长，能够同步服务高端产业，引领产业和学校发展。通过建设，力争建成具有国际化背景的复合型新商贸专业教学团队 1 个，培养 2～3 名跨国集团公司“总经理型”专业群带头人、8 名跨国集团公司“经理型”专业带头人、至少 12 名跨国集团公司“项目经理型”省级骨干教师；柔性引进或聘请业内德高望重的退休但尚有余力和热情的资深前辈，分别建立产教融合总经理工作室和项目经理工作室，使其业界口碑在校园中得到提升。

7.1.4.4 建设综合性、共享型实践教学基地

（1）整合、改造现有分散的校内实训室，建成基于云平台的校内综合实践基地。

将现有分布于校内不同学院、不同场所的各专业实训室重新根据专业群建设目标整合，打破专业界限、调整场所布局、丰富教学内涵、改造升级系统，建成基于云平台的群共享型实践教学基地。

（2）依托美兰国际机场，新建临空经济区综合实践基地。

将新商贸人才培养与美兰国际机场临空经济区建设结合起来，与中免集团、京东集团、阿里巴巴、苏宁集团等世界 500 强企业合作打造专业群综合实践基地，完善实践教学体系，促进产教融合与创新创业。

（3）依托洋浦港，新建港航经济区综合实践基地。

将新商贸人才培养与海南省国际陆海贸易新通道——洋浦港建设相结合，积极与中远海运、中外运等知名企业合作建设港航经济区综合实践基地，以促进国际贸易航运要素集聚，提高人才供给能力。

7.1.4.5　创建产学研训一体化技术技能平台

（1）升级组建国际商贸职业教育集团。

坚持政府推动、行业指导、需求导向，深化产教融合、校企合作，加大教育工作力度，增强高职教育的针对性、灵活性、开放性，把提高职业能力和培养职业精神高度融合，为现代服务业提供更具针对性的专业化服务支持，在现有海南现代物流产教融合创新人才培养联盟的基础上，召集江东新区的国内外知名商贸企业，联系海南省对外贸易促进委员会、海南省商务厅、海南省交通运输厅、海南省江东新区管委会、海口保税区管委会等政府机构和海南省对外贸易协会、中国物流与采购联合会、海南交通物流协会等行业协会，以及海口经济学院、海南工商职业学院、海南外国语职业学院、海南省商业学校、海南省财税学校等院校，共同组建省级示范性国际商贸职业教育集团。

（2）扩展海南自贸港研究中心的功能。

扩展海南自贸港研究中心的功能，打造研训一体的自贸港研训中心。从自贸港的视角，多面赋能，进一步与联盟单位强化共识、深化合作，持续提供智库服务，为建设海南自贸港提供高水准的决策咨询、行业培训和研究支持。

7.1.4.6　提升自基础技能培训到高端智库服务的全面社会服务效益

将服务社会作为专业群的重要工作内容，充分挖掘、利用专业群教师资源、科研成果和设备设施等资源，参考国内外优质专业群的社会服务功能，进一步明确国际经济与贸易专业群的服务优势和服务目标，以扩大社会服务范围和提高社会影响力。

第一，利用国际化的高水平教师资源，为政府和企业提供高质量智库服务。

第二，开展国家级、省级等相关课题研究。

第三，利用专业群团队的研究成果，为海南各界民众提供自贸港知识普及及应用推广。

第四，利用国际商贸产教园条件，为涉外企业职工、退伍军人和社会富余劳动力提供外贸技能培训。

第五，助力乡村振兴，为农村青年接受专业学历教育提供充足的机会。

第六，落实精准扶贫，为“建档立卡”户提供物流和电商基础操作技能培训。

7.1.4.7 增进教学资源引进、师生培养等方面的国际交流与合作

（1）借鉴、引进国际化教学资源。

借鉴迪拜、中国香港、新加坡等自贸港的建设经验，参考企业用人标准，制订职校人才培养方案，开设专业培训课程，开发可实施的本校标准并推广。

（2）充实师资队伍。

突破境内外用人瓶颈，提高待遇、拓宽美好事业发展前景，吸引国外留学生、境外优秀青年和涉外企业业务精英加入专业教师队伍，使外向型师资结构更趋完善。

（3）提升教师国际化水平。

每年派出至少1名群带头人、4名专业带头人、4名骨干教师、3名兼职教师和3名普通教师轮流到境外（国外）自贸港企业挂职或高校访学；使教师团队不仅具国际化视野，更具国际化经历，能更好地为海南自贸港的职教事业助力。

（4）加大与国外学校合作办学力度。

与新加坡东亚管理学院、海南铭冠教育文化集团强强联手，通过中外合作办学的形式，联合培养国际经济与贸易人才。同时，实施境外“交换生”计划，每年遴选专业排名前10的学生到新加坡、中国台湾等的职业学院学习三个月至半年不等。

（5）培养国外留学生。

充分利用专业群外向型教师和课程资源，积极接收“一带一路”共建国家留学生，助力国际合作迈上新台阶。

7.2　案例二　京东数字商务产业学院的建设及校企一体化人才培养模式与实践

7.2.1　建设背景

7.2.1.1　支持“双高计划”落地的需要

2019 年 1 月，国务院印发《国家职业教育改革实施方案》，提出将启动实施中国特色高水平高职学校和专业建设计划，即“双高计划”。2019 年底，教育部、财政部公布“双高计划”建设单位名单，海南经贸职业技术学院进入首批“双高计划”建设名单，高水平专业群建设包括旅游管理、国际经济与贸易两个特色专业群。

（1）打造高水平专业群，实现人才培养供给和产业需求全方位融合。

国际经济与贸易专业群以国际贸易为核心，重点发展现代物流管理、电子商务、商务管理、关务与外贸服务专业。产业学院的设立能够将职业教育培训体系与市场前端的人才需求进行精准匹配，将市场侧人才需求快速反馈至职业院校的人才培育体系，以工学结合的育人机制为高素质技术技能人才培育提供支持，从而提升高职院校服务产业转型升级的能力。

（2）打造高水平“双师型”队伍，提升高质量人才供给。

“双高计划”要求打造数量充足、专兼结合、结构合理的高水平“双师型”队伍。产业学院的合作模式能够为高校教师提供实践条件和空间，并结合实训基地的示范引领，切实促进职业院校教师队伍整体素质的提升。

（3）提升校企合作水平，实现资源共建共享。

产业学院将促成职业院校与行业领先企业在人才培养、技术创新、社会服务、就业创业、文化传承等方面的深度合作，形成校企命运共同体。在面向国际化、产业升级的新机遇面前，校企合作能够实现人才培育的供需对接和流程重构，推动专业建设与产业发展相适应。同时，企业真实生产环境的任务式培养，如依托工作室、实验室、创新基地、实践基地等的合作模式，能够进一步促进业务的实体化运作，从而实现资源共建共享。

7.2.1.2 自贸港高质量专业人才供给的需要

2019 年 3 月 27 日上午，李克强总理考察海南经贸职业技术学院时勉励学生，“国家不仅需要高端科研人才，也非常需要高技能人才”“希望你们更加注重坚守专业精神、职业精神和工匠精神，努力顶起中国制造的脊梁”。由此可见，高质量人才供给对于海南自贸港建设的重要性。

自 2018 年国务院支持海南坚持高标准高质量建设全岛自由贸易试验区起，建设具有世界影响力的中国特色自贸港的发展目标使海南一跃成为重要的对外开放门户。自贸港建设发展进程将推动高职院校的人才培育与国际市场接轨，通过开发国际通用的专业标准和课程体系，积极参与“一带一路”建设和国际产能合作，培养国际化技术技能人才，促进中外合作交流。产业学院将通过跨境电商的业务渗透，开展国际职业教育服务，提升高职院校学生的国际化业务水平。

7.2.1.3 适应未来数字贸易人才培育体系的需要

数字贸易作为一种新型贸易形式，为我国贸易规模持续稳步扩大提供了重要动力，并且凭借在线交付等优势，成为连接国内、国际市场的重要纽带。同时，数字贸易也是我国高水平开放的重要举措，党的二十大报告提出，要发展数字贸易，加快建设贸易强国，发展数字贸易是我国加快建设贸易强国的必然要求。

从全球范围来看，世界各国积极促进数字贸易的发展。联合国贸易和发展会议报告数据显示，全球数字贸易占服务贸易的比重已由 2011 年的 48% 增长至 2021 年的 63.6%。推动数字技术与实体经济融合将成为各国加速传统产业转型升级、促进经济快速发展的重要抓手。而数字贸易作为经济全球化背景下数字技术的重要应用，也成了数字技术赋能实体经济的重要突破方向。

全球贸易正在走向数字化时代，《区域全面经济伙伴关系协定》将加快数字产品和服务嵌入全球供应链的步伐。数字技术的广泛应用显著降低了贸易成本，促使供应链不同环节间的分工更加细化。传统外贸企业将会剥离或外包出更多服务和生产环节，数字技术革新将会提供更多新服务和新产品。《区域全面经济伙伴关系协定》生效后，区域内的数字贸易往来更加密切，新模式、新服务不断涌现，将吸引数量更多、业务范围更广的优秀数字企业加入其中，从而促使更多的优质产品和服务融入全球供应链。

因此，基于上述背景，打造以数字贸易为核心的海南经贸职业技术学院国际贸易专业群。围绕国家和区域产业布局，抢抓区域数字经济产业建设机会，通过建设数字商务产业学院对传统专业建设理念进行升华，围绕海南经贸职业技术学院国际贸易专业群，利用国家高水平专业建设机会，在国际经济与贸易、物流管理、电子商务、报关与国际货运等专业建设过程中，调整专业结构，凝练办学特色，培养打造服务海南自贸港产业发展的现代服务业人才。构建以国际经济与贸易、物流管理、电子商务、报关与国际货运等专业协同发展的数字国际贸易专业群，依托真实产业应用云平台，基于电子商务，通过人工智能、大数据等算法、模型和工具，驱动商贸业务流程优化。在产业学院建设过程中，重新构建教学的主导和从属关系，真正建立起以学生、专业群为中心，教学全方位协同的教学模式。不同的教师、不同的专业通过产业学院围绕教学目标共同进行教学方案研究、共同完成教学任务，既可以采用“专业+专业”的融合方式，还可以采用“产业+方向”的融合方式。

总之，数字贸易将成为未来主要的经济形态，全球贸易正走向数字化时代，数字技术和贸易正在全面深度融合中。“十年树木，百年树人”，高职院校的人才培养体系应紧跟时代步伐，创新人才培养思路，适应未来数字贸易发展趋势。

7.2.2　建设目标

7.2.2.1　近期目标

建设京东数字商务产业学院，组建以国际经济与贸易为核心专业的专业集群，在人才培养、课程体系、教学资源、“双师型”队伍、实践教育、社会服务、产教融合等方面形成一批标志性成果。

7.2.2.2 中期目标

发挥京东等行业领先企业优势资源，对外输出行业认可的数字商务产业应用型技能人才培养培训方案和标准，成为复合型、创新型数字商务技能人才培养和研究推广的高地，支撑区域数字商务产业建设与发展，发挥引领示范作用。

7.2.2.3 远期目标

发挥校企资源优势，通过教育链、人才链与产业链、创新链的有机结合，以项目实战型实训基地为核心，通过持续性运营提升产业学院的社会化服务能力，打造有影响力的区域产业孵化中心。

7.2.3 建设思路

数字商务产业学院建设将以“全球贸易数字化 ”发展趋势为指引，以企业为主体，以经济发展和产业需求为导向，紧密对接产业链布局，充分发挥企业在技术技能人才培养和人力资源开发中的重要主体作用，打造适应教育教学规律的产业生态链；以共建的产业学院为载体，融通学校优势专业群与一流企业为代表的产业，融通校内外实训平台，构建“双主体、深融合 ”“教育生态链、产业生态链 ”双链融通的校企协同育人生态体系，创新产业学院双主体协同育人新模式。

7.2.3.1 培养具备贸易方式数字化能力的人才

数字贸易指被列在服务贸易项下的数字贸易，以及贸易数字化。传统贸易与数字贸易在贸易参与者、贸易惯例、贸易运输方式、贸易时效性、贸易磋商以及贸易监管政策等方面均有明显的不同。数字贸易在数字经济背景下应运而生，推动了全球贸易便利化。

跨境电商业务是数字贸易全球化催生的新业态。随着数字技术与服务贸易加速融合，跨境电商业务也面临着新变化、新挑战。例如，人民币汇率步入了双向波动的新常态，加强汇率风险管理成为卖家的重要课题等。

因此，京东数字商务产业学院将按跨境电商业务体系需求在理论教学、实训练习等方面培养具备贸易方式数字化能力人才。

7. 2. 3. 2　培养具备贸易内容数字化能力的人才

数字技术和传统产业加速融合，数字产业开始大规模赋能和改造传统产业。从易货贸易到现金交易再到电子商务，随着数字技术的快速发展，贸易形态也发生变革。2020 年的新冠疫情加速了全球数字贸易各业态的发展，软件和信息服务、在线教育、在线办公、网上问诊、网络游戏、社交媒体和电子商务等业态逆势增长，贸易内容数字化转型已成趋势。

京东数字商务产业学院将按数字商务产业学院需要建设数字化平台，为贸易内容数字化提供试验和锻炼场景，如打造电商实战平台，在电商平台上提供文创艺术品、笔记资源、咨询、开发等服务；从电商实战平台、创作高价值服务内容、获得销售物品利润等角度，培养具备贸易内容数字化能力的人才。

7. 2. 3. 3　培养具备贸易供应链数字化能力的人才

未来，各国贸易与税收、海关、物流等系统都将实现数据化、智能化，并且各平台数据会进行流程式的融合。这一方面会让国际贸易变得更为便捷，另一方面会让贸易更无国界化。

数字贸易时代，数据成为数字贸易的关键生产要素。为了充分发挥市场在资源配置中的作用，应以产业发展为载体，提升供应链基础设施水平、鼓励供应链技术创新、建设高效协同的社会化供应链体系，促进商品流通。

京东数字商务产业学院将从数字化供应链流通体系、与各市场主体进一步提升供应链数智化水平等角度，在校园内建立物流云仓系统，以数字化手段集中高效地实现货物快速入库、出库、分拣和配送等，实现“校中厂”建设，为师生提供真实的训练平台，以此实现培养具备贸易供应链数字化能力的人才。

7.2.4 建设内容

7.2.4.1 校企合作机制建设

校企根据“互惠互利、共同发展”的原则，双方通过友好协商，对各自的职责和权利以协议文件的方式明确，并形成文件《校企合作机制建设》，共建合作，创新教学体制，建立管理、驱动和保障三项合作机制，实现“1+n”（学校与n家企业）多主体合作办学模式，确定组织机构和人员，双方共同制定人才培养方案、共建实训基地、互派师资、共同开展培训认证、共同开发教材、共同制定校企合作制度等。

7.2.4.2 人才培养模式建设

校企共建京东数字商务产业学院，创新高素质技术技能人才培养培训模式，构建模块化课程体系，完善素质培养途径，构建以企业人才胜任力模型为导向的人才培养模式，将数字商务产业学院建设成国内领先的产业学院。

（1）共建产业学院，构建“双元”育人格局。

基于产业学院推行“一体两翼五共同”的校企合作模式，依托京东的数字经济产业园和物流仓储中心，引入京东上下游生态产业企业及校企共建实践教学基地、创新创业中心等，组建“固定岗+混编岗”的校企混编团队，实施“现代学徒制”人才培养；以企业需求为导向，面向新农人、退伍军人、企业员工等不同生源，依托企业实际项目，形成校企双方共同开发课程与教材、共同组织教学、共同管理与共同考核评价的“双元”育人格局。

（2）创新“一主线、双主体、三递进、四融合”人才培养模式。

贯穿立德树人这“一主线”，强化综合素质教育；依托数字商务产业学院，围绕数字贸易产业发展，形成“双主体”共育人才格局；依托校内外一体化教学实践基地，聚焦跨境贸易、智能物流、电子商务等应用项目的实施，遵循学生的认知与成长规律，实施“知识递进、技能递进、能力递进”“三递进”人才培养过程；实施“产业生产与教学过程、专业教育与创新创业教育、技能竞赛与教育教学、学历证书与技术技能证书”“四融合”的育人模式，培养创新型、复合型高素质技术技能人才。

具体做法如下。

第一学年，在校内实训基地由专任教师主导以基础知识为主要教学内容开展教学，培养学生具备国际贸易基础、企业管理基础、物流管理基础等基本能力。

第二学年，以专任教师、校内实训为主，以企业兼职教师为辅，以真实项目为主要教学内容，按“项目导向、任务驱动、案例分析”的教学方式，以项目案例方式开展国际贸易（跨境电商运营）、智能物流管理、大数据可视化分析等方向的专业技能培训，培养学生具备规划设计、运营管理、运行维护、运营服务/技术支持等方面的专业技能。

第三学年，第五学期，安排以校内综合实训为主、企业顶岗实习为辅的教学内容，由校内专任教师和企业兼职教师结对子，以企业在跨境贸易、智能物流、电子商务等领域的综合项目为主开展教学，培养学生具备在国际贸易、智能物流等领域中的“规划设计、运营管理、数字营销、售前/售后服务、技术支持”能力。第六学期，学生全部到企业进行顶岗实习，以完成真实工作任务为主要教学目标，以企业兼职教师为主、校内专任教师为辅进行职业技能指导。对于基础较好的学生，注重引导其深入学习理论知识，提高这部分学生进一步深造的能力。

按照企业数字商务综合应用项目实施计划需要安排学生顶岗实习，按企业兼职教师时间安排适时调整授课时间，采取工学交替、分阶段等形式，弹性、灵活地组织与实施教学，保障学生能够完成企业真实项目的开发与实施，增强学生对企业实践的感性认识，促进学生职业素养的养成。

（3）共同实施教学。

依托企业总部师资研修院师资资源和数字化教学云平台，按照共建专业教学计划，校企协同组建“双元”师资团队，共同承担“智能卓越班”教学任务，按照校企师资能力特长和资源优势，分工协作，学校教师主要承担理论课程教学，企业主要承担实践课程教学。企业拟承担每个共建班“大数据技术基础”“大数据技术应用”“数字商业综合实训”等课程的教学工作（校企双方具体承担的课时量根据人才培养方案及教学计划另议）。通过以下三种企业授课模式，推动教学模式创新。

第一，现场教学。通过派遣企业导师、学校优秀“双师”到校承担企业实践课程教学任务，把行业最新企业实践带入课堂，将产业优秀管理理念及实战经验融入人才培养过程，提高学生岗位胜任力。

第二，“双师”教学。学校主讲教师在现场授课、企业专家通过网络远程接入点评，实现“一地两老师”授课。

第三，企业连线。联合企业专家人才开设课程，在上课过程中为学生提供有关企业运营过程、实际案例讲座、专业知识指导等方面的实时连线指导、答疑，加深学生在校阶段对企业岗位情况、文化内涵、经营流程、专业知识等的认识，保障学生的学习效果。

（4）共同负责教学、学生管理。

成立学院运营中心，推行“双导师”制，学校安排辅导员，企业安排驻校导师协同开展特色学管服务，通过企业师资协调、教学环境准备、教学过程跟进管理、教学总结，保障企业教学质量；通过组建班委、召开主题班会、组织班级活动、开展学生访谈等形式，提升“智能卓越班”管理水平，打造班级管理特色。通过巡班、跟班听课、学生辅导、考务支持、撰写教学质量分析报告、开展满意度调查等方式，开展教学质量日常监控与管理。

（5）共同负责实习、就业。

第一，学生实习。结合“智能卓越班”学生个人发展意向，安排大三学生到企业共享实习基地进行实习，安排专人管理和指导学生实习。同时，基于实习管理平台，开展校外实习同步岗位能力训练，并形成实习效果报告。

第二，学生就业。结合“智能卓越班”学生职业发展规划，企业导师围绕相关岗位开展职前辅导与讲座，引导学生树立正确的职业目标与价值观。

利用企业客户资源、行业资源、社会资源向用人单位推荐学生就业，同时为学生组织就业季活动，帮助学生实现高质量就业。“智能卓越班”学生实习就业输出方向主要面向企业集团及其子公司、企业服务的客户企业群体，以及企业生态合作伙伴企业，对于考核合格的学生，每个学生将获得 1 次实习、3 次就业推介机会，学生就业社会满意度达到 100%。

7.2.4.3　课程体系和课程资源建设

根据教育部、工业和信息化部联合发布的《现代产业学院建设指南（试行）》建设任务要求，根据数字经济典型业务场景——规划设计、运营管理、数字营销、售前/售后服务、技术支持五个核心模块，结合数字经济复合型技术技能人才的认知特点和职业成长规律，确定京东数字商务产业学院共建课程体系任务和要求。

（1）构建“基础通用+方向自选+能力拓展”模块化课程体系。

校企双方选取若干核心课程成立课程建设小组，指定课程负责人，课程建设小组由校内教师和企业兼职教师共同组成。校内教师承担对课程的教学过程、考核方式、教学安排等的设计工作；京东的兼职教师把工作过程中的很多案例提供给教师，并根据京东的标准制定任务目标、实训要点和技能考核标准，参与到实训课程指导中；兼职教师和校内教师共同参与教学实施。

（2）课程建设任务。

在课程建设方面，结合人才总体培养目标和职业岗位需要，根据职业教育模式的特点，在选用教育部规定教材的基础上，积极与国家级的出版社开展合作，组织有经验的专业教师编写并出版与本校专业课配套、具有专业培养特色的教材；同时，积极与企业合作，结合课程进程为学生编写一批与专业课程相配套的实训指导书，以帮助学生提高分析判断和解决实际问题的能力，形成一整套理论教学和实验实训体系，确保学生需要的职业能力得到动态、及时的更新。

（3）创新创业专题建设。

依托京东数字商务产业学院中的京东供应链运营中心，通过创新创业成果展示、职业技能、创客训练营等形式推动形成创新氛围。每学年开展一期为期三天的创客训练营，聘请企业创业导师，面向学校师生进行有关创新思维和行业趋势的培训；每年开展以“创新、创意、创业”为主题的创新创业大赛，从大赛中筛选出有潜力的项目进入京东供应链运营中心进行项目孵化，由企业和学校专兼职教师作为项目的创业导师，协助进行项目路演、项目市场推广等。

（4）课程教学改革。

课程的教学过程以学生为主体，以校内专任教师为主导，以企业兼职教师为辅助，教师主要起过程指导作用，逐步实现“学生学习的内容就是具体的工作，学生学习的过程就是工作的过程”。学生通过基于电子商务、智能物流、跨境贸易等领域中的“规划设计、运营管理、数字营销、售前/售后服务、技术支持”能力课程学习，逐步掌握具体工作任务所需的理论知识和操作技能，既积累了工作经验，也获得了有关人际交往、团队合作、企业文化等工作的过程性知识，增强了学生的职业道德感，提升了学生的职业素质。最后，通过顶岗实习，安排学生到企业实际项目岗位进行工作学习，由企业按照员工标准对学生进行工作考核，从而使学生具备实际岗位的职业能力，实现从学生到员工的角色培养。

7.2.4.4 师资队伍建设

根据教育部、工业和信息化部联合发布的《现代产业学院建设指南（试行）》教师队伍建设任务要求，要以强化学生职业胜任力和持续发展能力为目标，以提高学生实践能力和创新能力为重点，深化产教深度融合、校企合作，创新人才培养方案；落实学校“办学以教师为本”理念和坚定实施“人才强校”战略，通过“外引内培”提升电子商务专业群师资水准，共同建设一支“双师双能型”教师队伍。制订专业带头人、骨干教师“一人一案”培养计划，通过引进、培养、聘任具有行业影响力的专家和海南经贸职业技术学院国际贸易学院教授作为专业带头人，聘任一批行业企业专业人才和能工巧匠作为兼职教师，通过派遣专任教师到企业中实践、出国进修等途径，加快“双师”结构专业教学团队建设，组建一支具有教学、研发和社会服务能力的、“双师”结构合理的优秀教学团队，以应用领域岗位的职业能力为目标，全面推进应用领域课程的教学改革。

7.2.4.5 产教融合基地

京东数字商务产业学院中的建设“两基地两中心”（校内京东产教融合示范基地、校外师生实习实践基地，生产性示范中心、人才培训中心）的产教融合基地，服务于京东数字商务产业学院各个专业的核心岗位实践、教学实训和创新创业服务。

（1）生产性示范中心。

生产性示范中心由供应链运营中心、物流云仓中心、电商/跨境电商运营中心、客服实战中心组成。生产性示范中心的建设基于京东集团电商、物流的一体化优势，以京东数字商业应用技术为底层技术基础，整合校园线上线下一体化、物流云仓、校园配送、国际商务、数字营销等业务环节，营造国际视角下商流、物流、资金流、信息流一体化的实战环境，拓展产、教、学、训、践、研多种形式，搭配课程、资源、系统平台等，通过不同场景下的实战运营，打造物流、商流、信息流、资金流相融合的产教融合实践生态场景，建设以学生闭环为特色的数字商业校园生态，搭建数字商业人才培养“立交桥”。

第一，供应链运营中心。

供应链运营中心主要结合实战业务，开展新产品开发、商务洽谈、供应链管理与数据分析、教研及教学管理、创新创业管理等工作。依托京东及其上下游生态产业基础，以京东数字商务产业学院中建设的“两基地两中心”的基础设施为实施载体，在校园内引入京东及其上下游生态相关产业资源，为院校师生创新创业奠定基础，同时也为院校师生的创新创业提供培训、咨询指导、项目孵化支持。

第二，物流云仓中心。

京东依托其电商海量的经营数据，已经形成了一套面向不同产业领域的“一体化方案、一体化交付、一体化运营”一体化供应链解决方案。鉴于此，面向区域的特色产业，建设生产性智慧物流实训基地，以智慧物流仓储与配送实操实训、实战运营为主，学生通过真实业务掌握仓储的收、发、存、退各环节的操作流程和要领，并学习智能仓储运营管理方法，结合实际业务提升分析改善能力。在实战运营的基础上，学生熟悉智能仓储管理系统的后台配置和系统策略规则，并通过各种复杂仓库的实操学习，提升系统使用和业务管理能力。

第三，电商/跨境电商运营中心。

电商/跨境电商运营中心包括电商运营和跨境电商运营两大类业务。电商运营主要以线上商城为支撑，开展校园周边生态业务，既包括校园文创、物流云仓中心、校园配送等创业项目，也包括线上平台的店铺维护、线上营销等，1∶1真实展现线上店铺运营全流程，为学生专业学习提供全流程感知，为学生创业提供一定参考。电商运营包含电商选品、电商直播、特产馆运营（线上运营）等功能模块，开展电商实战运营，助力乡村振兴。未来团队成熟后，可依托京东官网平台，通过“互联网+电商+地方”的模式，拓宽特色产品销售渠道，助力学生创新创业和地方区域经济发展。

跨境电商运营业务主要提供亚马逊、拼多多国际站、TikTok等跨境电商平台的实战运营、实训指导和双创运营孵化。跨境电商运营采取“1+N”模式，即1个开放式校企合作运营空间、N个项目式创客空间或项目孵化器。

第四，客服实战中心。

客服实战中心被用于在校电子商务相关专业学生教学、实训、实操、培训，同时也是校企双方业务扩展需求下，由京东引入的官方项目实践的专用实训室。

客服实战中心负责日常教学、课程实训、业务培训及真实业务承接工作，京东客户服务中心除承接京东自营“6·18”“双11”“双12”等大促活动真实业务（售前、售中、售后）外，还可根据实际情况承接京东自营常态化业务，通过与通信运营商联结，实现呼叫中心坐席的所有功能，带动专业发展，为学生提供更多的实习实训机会，京东客户实战中心结合企业人才培养及教学科研等需求，真正做到企业与学校资源共享，实现产学研相结合，提高人才培养质量。

（2）人才培训中心。

为贯彻落实《国家职业教育改革实施方案》和《关于在院校实施“学历证书+若干职业技能等级证书”制度试点方案》文件精神，联合申请与物流、连锁经营、电子商务、供应链相关的“1+X”技能等级认证基地，配置专业化培训课程和专业化师资认证中心，进而打造海口的认证考点，满足海口的认证需求。

京东数字商务产业学院将按照国际认证通用规范，依据京东数字商务人才需求画像和人才培养模型，基于相关岗位能力标准推出评价标准体系，积极畅通海南省职业技能人才评价的通道，将相关岗位人才的评价标准纳入海南省高技能人才培训补贴急需紧缺型职业（工种）目录，打造省人社厅、企业、院校互通的认证体系。以基地为认证中心，组织校企及机构专家，从认证体系设计、认证标准制定及论证、认证特色、校企互通、题库建设等方向实现认证，并在此基础上延伸企业人员专项认证。

7.2.4.6 技术技能平台建设

根据京东数字商务产业学院及未来发展规划，以及教师主要研究方向，在明确对接现代服务业的特色专业群基础上，依托京东丰富的企业资源，共同构建数字商务协同创新中心，从而有效支持经管类高水平、应用型科研工作，以及校企合作、产教融合发展。

7.2.4.7 社会服务

数字商务培训中心由“1+X”认证、职业技能培训、职业技能竞赛三个功能模块组成，其以数字商务产业学院为支撑，发挥专业设备、技术与人才优势，为区域数字供应链产业发展培养高水平人才，拓展社会服务功能，面向行业企业开展技术服务、技术创新和研发工作，为企业职工和社会成员提供多样化继续教育。通过与企业合作，开展项目研究，为数字供应链产业相关企业提供技术、生产服务。

7.2.4.8 基础装饰与文化建设

展示系部教学成果、系部发展历程、校企合作重要成果，以及京东数字商务产业学院中生产性示范中心相关业务运营过程中的商流、物流、信息流、资金流的相关数据汇集，并以数据汇集结果为基础，从用户画像、生产实时概况等维度，进行数据的可视化分析和成果展示。

与此同时，基于京东文化、产业发展和学校文化、专业、学术成果等，综合展示企业优势和学校优势的结合，以及区域产业发展、产业结构、专业资源条件、教育教学规律、人才成长规律、产业发展趋势、经济发展规律等要素动态，聚焦院校和产业发展目标，展示产教成果。

7.3 案例三 阿里巴巴 e-WTP 产业学院的建设及校企一体化人才培养模式与实践

7.3.1 建设背景

7.3.1.1 学校支持

海南经贸职业技术学院是一所以培养经贸类高素质技术技能人才为目标的中国特色高水平高职院校，其中，国际贸易学院拥有海南首批国家高水平专业群——国际经济与贸易专业群，该专业群以海南自贸港新商贸人才需求为导向，以数字贸易发展和应用为切入点，以跨境贸易操作、关务服务与管理、智慧物流服务、跨境电商、商务管理、连锁经营与管理等岗位群核心能力进行数字贸易人才培养，支持海南自贸港建设。

2020 年，海南与阿里巴巴签署世界电子贸易平台（e-WTP）战略合作协议，将海南作为国内 e-WTP 推广的一个试点。2023 年，阿里巴巴（企业）、中国贸促会、对外经济贸易大学（“双一流”本科高校）及海南经贸职业技术学院（“双高”职业院校）成立了产教联盟共同体，共同制定并发布了“跨境品牌经理人职业能力要求”标准，为校企合作落地产教融合，培育具有数字化思维和能力的商贸人才奠定了基础。

为适应新的国际贸易格局，满足我国对数字经济领域人才的需求，坚持教育优先，以优质教育资源赋能高质量发展。各方依据《国务院办公厅关于深化产教融合的若干意见》，落实海南省政府与阿里巴巴集团关于在海南建设 e-WTP 的相关会议精神，开展联合办学。打造集人才培养、科学研究、技术创新、企业服务、学生就业创业等功能于一体，国际化特征鲜明的全国一流、省内排头、特色突出的产业学院。

7.3.1.2　阿里巴巴支持

e-WTP 是由阿里巴巴集团牵头并由所有利益相关者共同参与的世界电子贸易平台，通过公私合作制定电子贸易规则，并为跨境电子贸易的发展营造更加优质的政策与商业环境。阿里巴巴作为 e-WTP 的首倡者，发挥商业、技术和市场优势，通过与政府合作开展 e-WTP 商业试点，共同探索数字经济发展的最佳实践。

e-WTP 通过建设全球化数字经济基础设施（全球交易网络、全球金融支付网络、全球物流服务网络及全球公共服务平台），帮助发展中国家和中小企业参与全球化，让消费者在这个平台上实现“全球买、全球卖、全球付、全球运和全球游”。

目前，e-WTP 已经在多个国家设立合作试点，包括马来西亚、泰国、比利时、卢旺达、埃塞俄比亚和墨西哥，以及国内的浙江杭州、浙江义乌、香港及海南。

e-WTP 通过培养数字化人才赋能全球数字贸易的发展，e-WTP 的国际数字人才培养体系培育对象包含学生、跨境贸易企业家及生态参与者等，e-WTP 已经直接培训了来自 60 多个国家和地区的近 4000 名企业家和商业领袖，他们将所学知识分享给了他们的社区。

目前，e-WTP 人才培育体系已经有 17 门成熟的课程，主要依托跨境贸易商业项目孵化运营的全流程需要的能力来打造，针对学生的培养模式已经在杭州师范大学及国外合作院校推广。培养出来的学生有在美国成功打造品牌的案例；杭州师范大学毕业生在其所在单位反响也较好；马来西亚学生能在当地落地完善跨境贸易的基础设施。

在此背景下，阿里巴巴 e-WTP 项目将与海南经贸职业技术学院进行人才培养合作，将针对该学院跨境电子商务专业，融入 e-WTP 项目内容，落地 e-WTP 产业学院，双方共同构建人才培养目标、共同制订人才培养计划、共同培育师资力量、共同合作开发课程等，e-WTP 产业学院实现育训并举，对内培育具有海南经贸职业技术学院特色的跨境电子商务人才，对外为跨境电商企业及境内外高校提供专业培训，为 e-WTP 发展及全球数字贸易发展储备了全球贸易的数字化人才。

7.3.2 建设目标

e-WTP 及运营服务商龙源集团与海南经贸职业技术学院共建一个集国际数字贸易产业资源、国际文化交流资源、院校资源于一体的产业学院。该学院将依照教育部、工业和信息化部联合发布的《现代产业学院建设指南（试行）》，创新人才培养模式、提升专业建设质量、开发校企合作课程、打造实习实训基地、建设高水平教师队伍、搭建产学研服务平台，并且在促进国际交流等方面开展工作，每年培养数百名新一代复合创新型人才。

7.3.3 建设内容

三方联合共建 e-WTP 产业学院，并依据产业学院工作规章制度和工作计划开展工作，包括但不限于以下方面。

7.3.3.1 产业学院发展顶层设计

第一，成立 e-WTP 国际数字贸易研究院，组建应用型智库，发布区域产业报告。

第二，组织年度产业学院建设研讨会。

第三，以创新创业为导向，以国际化为特色，推动专业人才培养方案动态调整、专业升级和新兴学科发展，开展数字经济相关人才培养工作。

7.3.3.2 提升专业建设质量，开发校企合作课程

第一，面向校内教学与社会培训，建设并推广精品在线开放课程。

第二，共同开发编写相关专业群教材，由甲方及丙方负责出版工作，促进传统专业升级，发展新兴学科和交叉学科。

第三，制定专业核心课课程标准并推广，开发新一代专业群教学资源库。

7.3.3.3　打造实习实训基地，引企入校

第一，提供产业学院学生高质量就业指导与服务，建立实习实训质量保障机制。

第二，指定 e-WTP 等相关专家作为校外导师，形成双向交流机制，促进师生发展。

第三，形成产教融合发展典型案例，并积极开展奖项申请、示范推广等工作。

7.3.3.4　建设高水平教师队伍，提升教师素质与能力

第一，根据学院课程和社会培训需求，协助引进符合相关要求的师资。

第二，安排学院教师到 e-WTP 相关企业、高校或机构进行实践或驻外交流，并开展研究立项工作。

第三，组织国家级教师参加培训及高峰论坛，加强教师竞赛指导、学术研究，组织教师加入青年专家计划，孵化奖项与学术产出。

第四，组织教师参与相关标准制定工作，拓宽行业视野，积极参与行业论坛等活动。

7.3.3.5　搭建社会服务平台，提升学院影响力

第一，开展实训项目，面向社会提供资格证书培训平台等，服务区域经济发展。

第二，建设 e-WTP 全球培训基地，形成集海南教育培训、创投孵化、后勤服务保障于一体的海南自贸港“窗口式”国际化服务平台。

第三，联合成立行业产教融合共同体、职业教育集团等，推广优质经验，扩大行业影响力。

7.3.3.6 国际化

第一，拓展国际教育资源，搭建合作平台，开拓海外生源。

第二，积极组织留学生参加相关竞赛活动，以组织文化活动等多种形式育人。

第三，开发并输出直播、跨境等课程标准，并将课程标准推广至更多国家，助力中国教育“走出去”。

7.4 案例四 数字化国际商贸文化育人中心人才培养模式与实践

7.4.1 建设背景

7.4.1.1 文化自信为民族复兴立魂

2022 年 9 月 20 日，习近平总书记在为《复兴文库》作题为《在复兴之路上坚定前行》的序言中说：“要坚定文化自信、增强文化自觉，传承革命文化、发展社会主义先进文化，推动中华优秀传统文化创造性转化、创新性发展，构筑中华民族共有精神家园”。如何借助数字化的时代浪潮，赋予传统文化以时代特色，更好地实现中华优秀传统文化的教育普及、保护传承、创新发展、传播交流，不断增强中华优秀传统文化的生命力和影响力，值得探究。

2022 年 10 月 16 日，习近平总书记在党的二十大报告中强调，全面建设社会主义现代化国家，必须坚持中国特色社会主义文化发展道路，增强文化自信，围绕举旗帜、聚民心、育新人、兴文化、展形象建设社会主义文化强国，发展面向现代化、面向世界、面向未来的，民族的科学的大众的社会主义文化，激发全民族文化创新创造活力，增强实现中华民族伟大复兴的精神力量。

文化，是一个国家、一个民族的灵魂。“财经商贸文化”是中华优秀传统文化的重要组成部分，是商科类院校师生需要掌握的文化知识，是对中华文化有兴趣者了解中华优秀传统文化的一扇窗口。文化自信是一个国家、一个民族发展中最基本、最深沉、最持久的力量，培育和践行社会主义核心价值观，需要推动中华优秀传统文化的创造性、创新性发展。

7.4.1.2　中华优秀传统文化需要传承与创新

党的十八大以来，习近平总书记多次对中华优秀传统文化的传承发展与创造性转化作出重要论述。为贯彻落实习近平总书记的重要讲话精神，2017 年，中共中央办公厅、国务院办公厅印发了《关于实施中华优秀传统文化传承发展工程的意见》，对实施中华优秀传统文化传承发展工程提出具体意见，并进行工作部署。

中华文化是中华民族的生命命脉，是中华民族的精神家园，也是中华民族凝聚力和创造力的不竭源泉。中华民族具有五千多年连续不断的文明历史，创造了博大精深的中华文化，为人类文明进步作出了不可磨灭的贡献。中华文化积淀着中华民族最深沉的精神追求，包含着中华民族最根本的精神基因，是中华民族的独特精神标识，也是中华民族生生不息、发展壮大的根基。正确认识中华文化的继承发展问题，不仅关系当下至未来一段时期治国理政的大问题，而且关系中华民族永续发展的大问题。

7.4.1.3　社会主义核心价值观与中华优秀商文化一脉相承

商文化根植于人类生产、交往和交易等实践活动，它以稳定持久的精神和物质力量，影响着数千年来人们的商务与经济活动。社会主义核心价值观与中华优秀商文化一脉相承。在中华民族崛起的今天，中华优秀商文化已步入以社会主义核心价值观为灵魂和导向的传承创新期。辉煌五千年的中华优秀商文化，记载着中华民族对国家社稷富强、民主、文明、和谐的持续追求，贯穿着千行百业对社会秩序自由、平等、公正、法治的永久渴望，铭刻着“士农工商”对个人爱国、敬业、诚信、友善的不变承诺。为社会公众提供优质的中华商文化资源，并对其实施社会主义核心价值观教育，目的在于坚定文化立场、传承民族基因、汲取中华智慧、弘扬商人精神、传播道德价值，实现全过程育人、全方位育人。近年来，与社会主义核心价值观进行“视界融合”的商文化内容重构得到了教育界的广泛关注，它开辟了一条立德树人的教育实践探索之路。一方面，中华优秀商文化在继承基础上全面创新整合提升，可以为社会主义核心价值观提供丰富、鲜活的素材和内容；另一方面，以社会主义核心价值观铸牢实践路径，重新构建中华优秀商文化，并赋予中华优秀商文化全新的意义与内涵。

7.4.1.4 得天独厚的海南“一区一港”建设优势，为学校发展带来了广阔前景

为服务海南“一区一港”建设，学校专业设置对应自贸港主导产业，对接海南十二大重点产业中的旅游业、互联网产业、现代金融服务业、现代物流业、低碳制造业、高新技术教育文化体育产业六大产业，现已建成旅游管理、物流管理、会计、金融、国际贸易、汽车检测与维修、信息技术、自动控制技术等一批在省内领先、在国内有影响的特色品牌专业，形成了旅游管理、国际经济与贸易等六大专业群。

7.4.1.5 期望“海南脊梁”，激发了师生争创“双高”学校的新热情

2019 年 3 月 27 日，国家领导充分肯定了学校改革发展取得的成绩，期望数字化国际商贸文化育人中心学子做海南的脊梁，希望学校为海南发展作出更大的贡献。这极大地鼓舞了全校师生干事创业的热情，激发了建设高水平高职院校和专业的强大精神动力。

三十余载求索创新，数字化国际商贸文化育人中心始终把握时代脉搏，勇立改革潮头，走在开放前沿，为服务国家战略和海南产业发展发挥了重要作用。今天的海南经贸职业技术学院已经站在新的历史起点上，具备再次腾飞的基础和条件。对标世界最高水平开放形态的海南自贸港建设需求，作为海南职业教育改革发展的龙头学校，带头打造引领改革、支撑发展的职业教育改革发展新标杆，责任重大，使命光荣。学校全体师生正

齐心协力朝着建设中国特色高水平高职院校和专业的目标奋力前进。

7.4.2　建设目标

7.4.2.1　以文化人、以文育人，打造文化育人体系

数字化国际商贸文化育人中心坚持“以中华文化为基础，以学术文化为核心，以国际文化为特色”的发展思路，把文化育人理念融入校园学术、文化活动中。

该项目运用现代数字技术和虚拟现实技术，为项目建设效果添彩，联结中外、横跨古今，形成兼顾国际化视野与本地化定位、高端技术运用与专业技能培养的创新文化育人体系。

7.4.2.2　对接国际视野，开发国际商贸文化资源库

数字化国际商贸文化育人中心聚焦文化认同，用文字、图像、视频等形式再现世界商贸历史经典文化、中国商贸历史经典文化以及海南商贸历史经典文化，以文化浸润、文化体验和文化传承等多种形式，激发学生的学习主动性、学习热情和学习兴趣，帮助学生深刻、准确地学习和理解专业知识与技能。对标“双高计划”，完成产教园实践基地、教学资源库等平台建设。

7.4.2.3　回归教学本心，开展国际商贸文化沉浸式体验实训工作

虚拟现实技术作为近年来人工智能和数字化时代的热点技术之一，正被快速地应用于全社会的各个领域。利用虚拟现实技术展现古今丝绸之路商贸文化的发展过程、海南在“一带一路”建设中的战略地位、数字化国际商贸文化育人中心在国际贸易方向的建设成果等。以资源库为依托，利用资源库内的资源，以“发掘中国商贸经典故事，总结‘以商富国’‘以商福民’的商贸文化内涵，传承民族优秀商贸传统，推进商贸经典文化走进校园，拓展弘扬优秀传统文化的新领域”为指导思想，使学生学习中华民族一代代传承下来的价值理念、道德规范、商贸精神、商业思想，做到古为今用、推陈出新。

7.4.3 建设内容

7.4.3.1 展馆布局

数字化国际商贸文化育人中心项目通过虚拟现实、智能控制等数字多媒体手段，合理规划布局整体展示内容，打造更具参观性、沉浸式体验性、实用性的综合教学场馆，从而满足响应国际商贸文化传承目标下的文化素养形成、知识传播、技能传授等需求，让学生和教师沉浸式体验各个国家的商贸文化魅力，同时促进中华优秀传统文化的传播与创新。线上和线下相结合，虚拟和现实相结合，打造一个既能满足参观考察和教学需求，又能展现学院成果的综合展馆。

7.4.3.2 七大展厅

（1）序厅。

序厅有 5 块电子显示屏，分别对应以下内容。

电子显示屏 1 展示高清双语视频，介绍商贸文化数字资源的建设理念、内容及院校发展、学院的人才培养方案等。该视频既可以在序厅 LED 大屏上播放，也可以作为数字化国际商贸文化育人中心的形象宣传片。举办培训、参观、交流等活动时，LED 大屏可以作为活动背景，播放活动相关内容、欢迎词等。

电子显示屏 2 和电子显示屏 3 展示平面图及参观动线，向来访者展示数字化国际商贸文化育人中心整体情况和内容分布情况。

电子显示屏 4 定制前言导读，概括介绍整个中心的建设理念与文化内涵，激发学生及参观者的学习兴趣。

电子显示屏 5 分主题展示海南人文、地理风貌，以本地文化为整个中心的国际商贸文化内容定下基调。

（2）商贸简史厅。

商贸简史厅主要分四部分展示内容，分别为展厅导语、世界商贸发展历程、中国商贸文化和世界商业发展史长卷。这四部分分别对应 4 块电子显示屏。

电子显示屏 1 展示展厅名和简介，作为展厅的导语部分。

电子显示屏 2 展示世界商贸发展历程。商贸活动贯穿人类社会的发展过程，它和人类社会发展中的生产力一样，也是不断适应社会变化的。商品交易适应社会发展表现在交易形式的变化，通过交易形式的变化适应社会商业的发展，从而达到活跃交易、追逐利润的目的。商贸文化在社会发展的过程中，也是从无到有，从不正规到日益规范化，从不成熟到成熟。世界商贸文化发展历程按照时间发展顺序，以图文形式展示世界商贸文化和商贸行为的发展历程。

电子显示屏 3 展示中国商贸文化。在中国悠久的历史文明中，商贸活动贯穿始终，既是世界商贸文化的重要组成部分，又有其独特的风采。中国商贸发展大事记记录了从古至今中国商贸文化发展中形成的商路、商帮、商号、商道，以图文形式对其进行讲解介绍，展示中国商贸文化的独特魅力和重要影响力。

电子显示屏 4 展示世界商业发展历程长卷（触摸屏交互），在可触摸交互的桌面屏幕上，以长卷的形式展示世界商业发展历程中的重要节点，学生通过与触摸屏互动，学习与世界商业发展相关的各方面知识。

（3）国际贸易厅。

海南地处南海之滨，自古就是连接东南亚和南亚的重要门户，其独特的地理位置为发展国际贸易提供了得天独厚的条件。国际贸易厅有 4 块电子显示屏，通过展示“一带一路”国际商贸文化 3D 博物馆、海南丝路文物 3D 触摸屏交互资源、海南国际贸易发展历程，介绍海南从古至今的国际贸易发展状况，以及海南在古代丝绸之路和今天的“一带一路”建设中的重要战略地位。

电子显示屏 1 展示展厅名和简介，作为展厅的导语部分。

电子显示屏 2（可触控）定制开发“一带一路”国际商贸文化 3D/VR 博物馆。采用 AR、“互联网+”等现代信息技术，建设基于“360+3D”混合形式的“一带一路”国际商贸文化 3D/VR 虚拟现实博物馆，以丝绸之路与“一带一路”为主线展示海南的国际贸易发展历程。虚拟现实博物馆软件内承载图文、视频等媒体资源，能够实现全新的“全景展、立体展、深度展”，给用户带来身临其境般的感受。

在触摸屏位置一侧放置 VR 眼镜，学生和参观者既可以在触摸屏上体验 3D 触控版博物馆，也可以戴上 VR 眼镜，体验可以自由探索的沉浸式数字化博物馆。

此外，学生可以利用资源进行自主学习，学校内任何一台连接了学校局域网的计算机都可以访问这些资源。学生通过计算机访问 3D 虚拟现实博物馆。该 3D 虚拟现实博物馆提供了一套完整的知识问答体系，学生可以闯关问答，边看边学边答，这样更能激发学生的学习兴趣，增加互动性和参与性。

电子显示屏 3 定制开发海南丝路文物，在环绕式的透明触摸屏上，展示与海南相关的丝绸之路文物 3D 模型，模型可通过触摸进行旋转、放大等操作打造数字化沉浸式参观体验。

电子显示屏 4 定制开发海南国际贸易发展历程，按照时间顺序以图文形式回顾海南国际贸易千年以来的发展过程。

（4）国际物流厅。

现代物流业是支撑海南自贸港“三区一中心”（全面深化改革开放试验区、国家生态文明试验区、国际旅游消费中心和国家重大战略服务保障区）建设发展的基础性、先导性和引领性产业。现代物流业是现代服务业的重要组成部分，是旅游消费、高新技术产业发展的重要支撑。大力发展现代物流业将加快推进海南自贸港建设，推进我国新一轮改革，对于构建现代流通体系，服务以国内大循环为主，促进国内国际双循环，具有重大战略作用。

国际物流厅有 6 块电子显示屏，包括国际物流发展历程、国际物流在海南自贸港等方面的内容介绍，并设计展示以海南自贸港为主题的触摸屏交互资源，全方位呈现海南国际物流行业发展的方方面面。

电子显示屏 1 展示展厅名和简介，作为展厅的导语部分。

电子显示屏2展示国际物流相关知识，以图文形式介绍国际物流环节、常见运输方式、出口报关等相关文化知识，让学生和参观者对国际物流有基本的了解。

电子显示屏3展示国际物流发展历程，按照时间顺序，以图文形式介绍国际物流发展的各个阶段，揭示物流行业发展与商贸文化发展之间的联系。

电子显示屏4以图文形式介绍海南国际物流行业的发展、海南的港口、港口物流的发展历程等内容。

电子显示屏5展示海南自贸港发展史，以图文形式介绍海南自贸港的发展现状、重要地位与未来展望。

电子显示屏6以触摸交互的形式展现海南自贸港从建立到现在的发展历程，并以多角度呈现海南自贸港的地理环境、园区分布等。

（5）跨境电商厅。

2018年8月，国务院同意在海口设立跨境电子商务综合试验区（以下简称“综试区”）。2020年4月27日，国务院发布国函〔2020〕47号文件，同意三亚设立综试区。通过综试区建设，充分结合海南自贸港的政策优势和三亚的区位优势，把海南打造成为面向东南亚、南亚和非洲等“海上丝绸之路”沿线国家的跨境电子商务服务中心和区域总部基地。

跨境电商厅有3块显示屏，分别介绍我国跨境电商的整体情况、海南跨境电商的发展，并通过跨境电商在海南主题触摸屏展示海口综试区和三亚综试区建设情况。

电子显示屏1展示展厅名和简介，作为展厅的导语部分。

电子显示屏2展示跨境电商主题内容，以图文形式分主题展示我国跨境电商的发展历程与海南跨境电商的发展情况，为学生建立起对跨境电商的宏观认知。

电子显示屏3展示跨境电商在海南（触摸屏交互）的发展情况，以“跨境电商在海南”为主题，围绕海口综试区和三亚综试区的建设，设计触摸屏交互，带领学生和参观者了解海南跨境电商的发展与未来展望。

（6）“一带一路”厅。

在世界经济深度调整、地缘政治环境日趋复杂、中国经济转型攻坚的背景下，习近平总书记于2013年先后提出共建“丝绸之路经济带”和“21世纪海上丝绸之路”两大倡议，简称“一带一路”倡议。“一带一路”倡议的设想与顺利实践凸显了中国智慧，其内含的丝路精神和内在力量经过时空的维度，用历史的深度延续千年文化底蕴，体现了“一带一路”建设承前启后、继往开来的强大力量。

电子显示屏1展示展厅名和简介，作为展厅的导语部分。

电子显示屏2和电子显示屏3以双屏联动的形式展示“一带一路”共建国家商贸文化，参观者通过在左侧触摸屏上的操作，将图文、视频内容呈现在右侧的LED大屏幕上。

电子显示屏4展示“一带一路”共建国家货币，学生通过触摸屏交互操作，可以直观地查看“一带一路”共建国家的地理位置与货币文化的发展。

（7）尾厅。

2018年，《中共中央　国务院关于支持海南全面深化改革开放的指导意见》发布。2020年，中共中央、国务院印发《海南自由贸易港建设总体方案》，将海南自贸区升级为自贸港。目标为到2025年，初步建立以贸易自由便利和投资自由便利为重点的自贸港政策制度体系；到2035年，自贸港制度体系和运作模式更加成熟，成为我国开放型经济新高地；到本世纪中叶，全面建成具有较强国际影响力的高水平自贸港。该方案明确了海南未来三十年的发展方向，并以税收、入境管理、市场准入等方面的优惠政策为吸引力，大力推动旅游、消费、制造、医疗、创新教育、基建、投资等行业发展。

尾厅展望海南未来国际贸易发展。在地理优势与政策环境的支持下，海南未来国际贸易前景广阔。

7.4.3.3　国际商贸文化资源库

国际商贸文化资源库以古今“一带一路”发展与海南在其中发挥的重

要作用为主线，为“一带一路”共建国家商贸文化展示、“一带一路”国际商贸文化 3D 馆等相关内容提供全方位的数字化资源支持。

该资源库内容构成丰富多样，有动画、3D 虚拟仿真、视频、音频、文档、图片等资源类型。其中，动画资源使用沙画、历史穿越等多种表现形式；3D 虚拟仿真资源使用现有博物馆的展品进行模型化展示，通过 AR 等新科技手段进行现场互动，并把一些展品进行结构拆解，让人了解展品的内部结构；视频资源除根据资源库脉络进行制作外，还会根据展厅内容进行定制。

7.5　案例五　大师工作室创建及创新创业人才培养模式改革实践

为推动高技能人才队伍建设，发挥高技能人才在人才培养、带徒传技、技能攻关、技艺传承、技能推广等方面的作用，海南经贸职业技术学院国际经济与贸易专业群建设了杨佳骏大师工作室（货运代理）和冯学词大师工作室（现代物流）两个技能型大师工作室。

7.5.1　建设背景

7.5.1.1　必要性

（1）自贸港建设的需要。

国家批准建设海南自贸港，使海南成为对外经济贸易与交流最活跃的地区和探索国际贸易新规则的试验田，国际贸易经济成为支撑海南经济发展的重要力量。实施贸易自由化和投资便利化，形成国际贸易的产业集群、价值链的枢纽和供应链的纽带，是海南自贸港建设中贸易发展的前提。海南自贸港建设总体方案明确指出，要大力发展现代服务业，提升服务贸易竞争力，并在税收上给予优惠。在贸易规则新变化和贸易发展新格局下，自贸港的建设亟须新商贸技术技能人才。为满足自贸港建设过程中对新商贸人才的需求，培养高质量的国际经济与贸易人才，营造大师工作室发展的良好外部环境势在必行。

（2）职业技能人才培养的需要。

原来基于专业岗位需要的人才培养模式已难以满足当前相应岗位群的新商贸人才需求，专业群面临着构建全面适应产业升级需要的人才培养模式的挑战，需要更深度的校企合作、产教融合。国际经济与贸易领域是前沿科技发展和应用的重要领域。随着云计算、大数据、物联网、区块链等技术的广泛应用，新商贸人才必须了解并掌握这些新技术。当前，新的国际贸易壁垒形式多样、通关模式革新、通关规则实时更新，这些变化都促使职业技能人才培养必须实时跟进国际贸易规则，提升人才操作技术水平。建立大师工作室，由大师进行传帮带，既可以进行理论教学，也可以实现物流规划、物流统计、物流仿真等技术传帮带，使学生有更多时间快速掌握新操作技能技术。

7.5.1.2 可行性

（1）国家政策支持。

技能型大师工作室是以企业为主体、以职业院校为基础，学校教育与企业培养紧密联系、政府推动与社会支持相结合的高技能人才培养培训体系。2010 年，中共中央、国务院印发《国家中长期人才发展规划纲要（2010—2020 年）》，将技能人才列入国家六大人才队伍、十二大人才工程。2019 年，《国务院关于印发〈国家职业教育改革实施方案〉的通知》（国发〔2019〕4 号）、《教育部等四部门关于印发〈深化新时代职业教育“双师型”教师队伍建设改革实施方案〉的通知》（教师〔2019〕6 号）对技能型大师工作室建设提出要求，可见技能型大师工作室是教育改革的重要内容。

（2）省级主管部门支持。

2021 年，海南省人力资源和社会保障厅发布的《关于开展第二批海南省技能大师工作室申报评选工作的通知》计划在全省设立 30 个技能大师工作室，并给予其财政支持。

（3）学校高度重视。

海南经贸职业技术学院印发了《技能大师工作室管理办法》，明确了工作任务、权利与职责、条件保障、考核管理机制，为大师工作室提供了保障。海南经贸职业技术学院在加强内涵建设的过程中，特别强调大师工作室的建设与发展，以及重视对工作室的建设与发展给予资金和政策上的支持。

（4）企业支持。

企业员工来源于高校，企业非常期望高校能为他们提供优秀的专业人才。省内外企业非常支持海南经贸职业技术学院设立大师工作室，并愿意合作为大师工作室制定新标准，开发专业领域的相关项目。

（5）个人技能支撑。

牵头人是有影响力的行业专家，能够联合全行业优秀企业共同参与大师工作室建设，有效提升教学及人才培养质量。

7.5.2　制度保障

7.5.2.1　会议制度

大师工作室每月底对本月的工作情况进行总结分析，同时对下月工作目标进行分析，对工作进度进行安排，及时解决工作过程中遇到的困难和问题，纠偏补差。

每季度初期，总结上季度工作室各项工作项目进展情况，分享成功的经验，找出存在的问题，探讨解决的办法。对工作室下一季度的工作进行规划、部署，明确工作室成员的阶段性工作目标、专题讲座内容。

每年 12 月底召开年度工作总结会议，总结全年的项目进展情况，总结经验，开展评比活动，对全年中表现优秀的个人进行奖励，同时对下一年的工作目标和任务进行部署与安排。

7.5.2.2　工作制度

大师工作室主持人制订大师工作室具体工作计划，安排具体培训任务，确保各项工作有序开展。针对项目建设内容进行工作细化，任务落实到个人，提升工作效率及工作品质。

大师工作室成员分工明确、目标明确，以提高大师工作室的运营效率。大师工作室成员要按照大师工作室安排积极开展各项工作，并对每项工作进行认真分析研究，在每一阶段制订具体的工作实施计划，及时作出阶段总结。每个成员必须以严谨的态度和科学的方法从事各项工作，做到每项工作都必须有方案、有措施、有活动记录、有阶段小结、有结果分析。

大师工作室将引入先进的工作室运行管理制度，制定工作室约束制度，一方面确保大师工作室生产有序进行，另一方面明确大师工作室的教学功能。

大师工作室将制定激励与共享制度，提供物资保障，鼓励工作室成员参与到实际项目中，并利用实际项目带动专业建设和发展，达到人才共育、利益共享的效果。

7.5.2.3 考核制度

大师工作室业绩实行年度考核制度，每年进行一次。

大师工作室主持人由学校党政办公室进行考核，副主持人和工作室成员由二级学院和工作室主持人进行考核。

考核内容主要涉及思想品德、理论水准、教育教学能力、研究能力、技能水平、项目成果转化等多个方面，大师工作室将考核不合格者调出工作室，同时按有关规定和程序吸收符合条件、有发展潜力的新成员进入工作室。

7.5.3 建设内容

大师工作室的建设旨在以实际教学与科研项目为依托，努力将大师工作室建成优秀教师专业成长的平台、学生技能养成的摇篮、国家或世界技能大赛项目集训的场所。充分发挥技能大师及其团队在技术攻关、科学研究、应用技术创新等方面的领军作用，构建高技能人才培养模式，推进教学与科研发展。

7.5.3.1　构建“多维协同、阶梯递进”的适应海南自贸港建设和新商贸人才需求的培养模式

大师工作室成立后，认真贯彻落实国家关于建立技能型大师工作室有关精神，依照海南经贸职业技术学院大师工作室筹建方案的相关要求，以科学发展观为指导，以项目研究为纽带，以大师工作室为载体，充分发挥技能型大师的引领作用，深化产教融合，创新“多维协同、阶梯递进”的人才培养模式，建设集骨干教师培养、专业教学、学生技能训练与技能大赛于一体的综合集训基地。进一步加强师资队伍建设，提高人才培养质量，提升技术创新能力，更好地服务海南自贸港建设与区域经济发展。

7.5.3.2　利用大师技能和工作室专业人才资源，打造双岗多能的师资队伍

通过大师工作室建设，以自贸港建设为契机，以科研项目为抓手，以提高人才培养质量为目标，调动专业教师工作积极性，充分发挥科研促教作用，使大师工作室服务于海南经贸职业技术学院的教学和科研，并成为海南经贸职业技术学院经贸类专业教学和科研的重要平台。一方面，通过教学研讨使教师不断学习并丰富自身专业经历，进而实现上讲台内容更丰富、学生更愿意听、教学质量更高的目标；另一方面，组织工作室成员积极承担课题、参加专业论坛等交流活动或撰写相关论文，促进“双高”专业群的教学改革。组建相对完善的赛事团队，基本确定团队的集训研究方向；同时，用2～3年时间，培养出一批具有较强教研能力、专业娴熟、技能精湛的骨干教师团队。

7.5.3.3　扎实推进专业教学改革，培养技术技能型人才

依托大师工作室的师资和设备条件，将大师工作室建成学生专业技能训练的重要基地；组织学生参与有关国际货运代理、现代物流的通识技能、事故应变及业务往来文书处理等能力的提升训练，让学生将所学知识应用于实践，提高学生的综合职业能力；基于国际报关报检技术，开展提

升学生课堂体验度和职业能力的教学改革，利用信息化教学手段和资源，实现国际化产业人才培养质量提升；聘请专家举办技术讲座，开阔学生视野，培养学生的创新思维，激发学生参与创新与研发的积极性；同时，充分发挥学生的主体作用，选拔学生进入“货运代理”社团，承接社会服务等工作，逐步培养学生创新创业素养。

7.5.3.4 深化产教融合，促进人才培养的无缝衔接

大师工作室将成为开展国际物流相关技术攻关和高技能人才培养的重要活动场所，将创新培养高技能人才的模式。将把大师工作室打造成为省级世赛集训基地和相关人才培训中心，不断为社会输送优秀的物流、经济贸易领域新型技能型人才；以产教融合为主线，一方面开展校企合作项目，另一方面联合企业开展技术培训、技术挖掘等项目。

本章小结

第一，面向海南自贸港建设的国际经济与贸易专业群构建。

首先，海南自贸港建设为专业群带来发展机遇。职业教育创新发展战略为人才培养、服务自由贸易、专业群发展壮大提供了机遇，国际经济与贸易专业群迎来了发展的春天。高标准建设国际经济与贸易专业群是实现新商贸人才供给侧和自由贸易产业需求侧结构要素全方位融合的必然机遇。

其次，通过海南自贸港建设，专业群将面向现代服务业，密切对接海南自贸港国际旅游消费中心建设中对新商贸人才的需求，支持海南自由贸易发展，做全国同类专业群的先行先试者和改革引领者，成功打造新商贸技术技能人才培养高地和技术技能创新服务平台。

最后，从课程资源建设、教材教法改革、师资队伍建设、实践基地建设、技术技能水平提升、社会服务提供、国际交流与合作及体制机制建设等多方面实施专业群建设的重要举措。

第二，京东数字商务产业学院的建设及校企一体化人才培养模式与实践。

首先，数字贸易产业的发展，让原来传统产业融入了更多数字化、智能化技术，让传统商业向数字化转型。以电子商务、智能物流、跨境贸易等应用领域的实际项目为例，一个应用的项目实施包括规划设计、运营管理、数字营销、售前/售后服务、技术支持五个核心模块，其需要的知识、技能、素质须由数字商务产业学院中的多个专业协同培养。

其次，从近期、中期、远期的建设目标及建设思路可以看出，京东数字商务产业学院建设将以全球贸易数字化发展趋势为指引，以企业为主体，以经济发展和产业需求为导向，紧密对接产业链布局，充分发挥企业在技术技能人才培养和人力资源开发中的重要主体作用。

最后，从校企合作机制建设、人才培养模式建设、课程体系和课程资源建设、师资队伍建设、产教融合基地建设、技术技能平台建设、社会服务、基础装饰与文化建设等多方面提出京东数字化商务产业学院建设的主要举措。

第三，阿里巴巴 e-WTP 产业学院的建设及校企一体化人才培养模式与实践。

首先，海南经贸职业技术学院与阿里巴巴国际数字商业集团合作共建 e-WTP 产业学院，将把 e-WTP 规则、要求全面融入人才培养工作。

其次，e-WTP 产业学院旨在推动人才培养供给侧与产业需求侧在信息、人才、技术等资源要素方面共建、共享、共用，打造集人才培养、科学研究、技术创新、企业服务、学生就业创业等功能于一体的产教融合共同体，共建标准、共育团队、共筑平台，着力培养数字贸易行业高质量发展紧缺和急需的人才。

最后，三方联合共建 e-WTP 产业学院，并依据产业学院工作规章制度和工作计划开展工作，包括但不限于以下方面：产业学院发展顶层设计；提升专业建设质量，开发校企合作课程；打造实习实训基地、引企入校；建设高水平教师队伍，提升教师素质与能力；搭建社会服务平台，提升学院影响力。

第四，数字化国际商贸文化育人中心人才培养模式与实践。

首先，文化自信为民族复兴立魂，中华优秀传统文化需要传承与创新，社会主义核心价值观与中华优秀商文化一脉相承。得天独厚的海南“一区一港”建设优势为学校发展带来了广阔前景，“海南脊梁”激发了师生争创“双高”学校的新热情。基于此，数字化国际商贸文化育人中心建设势在必行。

其次，该项目建设的目标在于以文化人、以文育人，打造文化育人体系；对接国际视野，开发国际商贸文化资源库；回归教学本心，开展国际商贸文化沉浸式体验实训工作，使学生学习中华民族传承下来的价值理念、道德规范、商贸精神、商业思想，做到古为今用，推陈出新。

最后，数字化国际商贸文化育人中心项目，在现有展馆布局的基础上进行整改和优化，重新梳理参观路线和参观内容，以“七大展厅、国际商贸文化资源库”为建设内容，增加 VR、智能控制等数字多媒体手段。合理规划布局整体展示内容，打造更具参观性、沉浸式体验性、实用性的综合教学场馆，从而满足响应国际商贸文化传承目标下的文化素养形成、知识传播、技能传授等需求。

第五，大师工作室创建及创新创业人才培养模式改革实践。

首先，技能型大师工作室是以企业为主体、以职业院校为基础，学校教育与企业培养紧密联系、政府推动与社会支持相结合的高技能人才培养培训体系。

其次，根据国家有关文件要求，工作室将明确工作室职责、例会制度、年度工作计划和详细工作规划等，不断完善工作室有关管理规定，严格资金使用管理，做到有章可循。

最后，构建“多维协同、阶梯递进”的适应海南自贸港建设和新商贸人才需求的培养模式，利用大师技能和工作室专业人才资源，打造双岗多能的师资队伍，扎实推进专业教学改革，培养技术技能型人才，深化产教融合，实现人才培养的无缝衔接。

参考文献

[1]杨阳,王海文. 物流产业学院产教融合协同育人机制创新研究[J]. 吉林工程技术师范学院学报,2023,39(6):50-54.

[2]王建军,王英,赵明威,等. 高职院校产业学院建设路径探究[J]. 机械职业教育,2023(6):1-4.

[3]张素娴. 基于新《职业教育法》现代职业教育体系的构建[J]. 无锡职业技术学院学报,2023,22(3):1-6.

[4]李嘉. 网络环境下高职院校信息技术基础课程教学有效性分析[J]. 电脑知识与技术,2023,19(8):134-136.

[5]高歌. 大数据背景下高校毕业生就业现状与就业方向分析[J]. 黑龙江科学,2022,13(12):143-146.

[6]盛洁,易婧姣. 大学生校外实践教学基地的建设现状与优化对策[J]. 现代商贸工业,2022,43(15):70-72.

[7]胡震,于海莲. 校企合作共建校外化工实践基地的现状与探索[J]. 广州化工,2022,50(5):204-205.

[8]李响初. 国外职业教育产教融合人才培养模式比较研究[J]. 继续教育研究,2021(6):82-85.

[9]刘锟. 应用型人才培养模式下社会体育专业校内实践基地的创建研究[J]. 文体用品与科技,2020(24):142-143.

[10]刘葳葳. 职业教育实训基地共建共享机制研究[J]. 中国职业技术教育,2020(23):80-82.

[11]邓玉娟,刘智国,张惠涛,等．基于校内实践基地的实践教学模式研究[J]．智库时代,2019(20):254+275.

[12]鲁春阳,文枫,解丽丹,等．国外高校产教融合模式的经验与启示[J]．教书育人(高教论坛),2018(21):86-87.

[13]陈清．职业教育校企共建共享型校内生产性实训基地建设研究[J]．中国职业技术教育,2017(23):88-91.

[14]蔡丽巍．基于产教深度融合的高职实践基地建设[J]．教育与职业, 2018 (22):110-112.

[15]肖荣辉, 杨斯诗．基于产教融合的高职“三创”教育体系构建[J]．继续教育研究, 2019 (4):32-38.

[16]王国莉, 陈孟君, 陈毓华．大学生校外教学实践基地的特征功能及建设利用[J]．惠州学院学报, 2020, 40(6):103-108.

[17]王英．大学混合式教学有效性评价标准研究[J]．教育信息化论坛, 2022(9):12-14.

[18]吴军其, 赵梦琦, 周思慧,等．高校教师培训有效性评价指标体系建构[J]．现代教育管理, 2020(11):66-72.

[19]叶璐．新时期职业教育产教融合育人模式[J]．黑龙江教师发展学院学报,2023,42(6):99-102.

[20]董文博,李霖．人才培养模式下“产教融合”平台构建探析[J]．就业与保障,2023(5):181-183.

[21]朱磊,孟世佳．共同体视域下地方高校产教融合:特征、模式与机制[J]．绍兴文理学院学报(教育版),2023,43(4):63-67+81.

[22]杨艳玲,张福寿．高职院校产教融合背景下多方协同育人模式研究[J]．商丘职业技术学院学报,2023,22(2):51-54+85.

[23]陈鹏,杨江．职业教育产教融合路径研究[J]．内蒙古科技与经济,2023(4):24-27.

[24]方菁华．产教融合对应用型本科人才培养的价值及其实现路径研究[D]．广州:广东技术师范大学,2022.

[25]高思茵．产教融合视域下高职学生职业核心素养培养策略研究[D]．广州:广东技术师范大学,2022.

[26]江雪儿．产教融合背景下高职学生就业竞争力提升的策略研究[D]．广州:广东技术师范大学,2022.

[27]武鸽．地方综合性大学继续教育产教融合人才培养促进机制研究[D]．保定:河北大学,2022.

[28]王磊．高职教育产教融合协同育人共同体建设研究[D]．南昌:南昌大学,2021.

[29]郎军．职业教育产教融合人才培养问题及对策研究[D]．沈阳:沈阳师范大学,2020.

[30]李永荣,安小雷,张慧颖．高职院校产教融合现状及存在问题探究[J]．职业技术,2020,19(2):11-14.

[31]吴群．高职管理专业产教融合模式的问题与对策探索[J]．纳税,2019,13(31):243-244.

[32]邓娟娟．试谈职业教育产教融合的理论基础[J]．文教资料,2019(28):118-119.

[33]王志强．基于产教融合的职业教育人才培养模式探索[J]．中国校外教育,2019(18):1-3.

[34]单换儿．产教融合政策执行的研究[D]．广州:广东技术师范大学,2019.

[35]范忭斐．江西省职业教育与产业融合对策研究[D]．南昌:江西科技师范大学,2018.

[36]王红亮,高鹏,张俏．校企合作下高职院校现代学徒制理论与实践研究[M]．延吉:延边大学出版社,2022:3.